·哲人丛书

蒙培元 —— 著

孟子

北京大学出版社
PEKING UNIVERSITY PRESS

图书在版编目(CIP)数据

孟子/蒙培元著. —北京：北京大学出版社，2019.8
(未名·哲人丛书)
ISBN 978-7-301-30525-6

Ⅰ. ①孟… Ⅱ. ①蒙… Ⅲ. ①孟轲（约前372—前289）—生平事迹 Ⅳ. ①B222.5

中国版本图书馆CIP数据核字(2019)第095954号

书　　　名	孟子 MENGZI
著作责任者	蒙培元　著
丛 书 策 划	杨书澜
责 任 编 辑	魏冬峰
标 准 书 号	ISBN 978-7-301-30525-6
出 版 发 行	北京大学出版社
地　　　址	北京市海淀区成府路205号　100871
网　　　址	http://www.pup.cn　新浪微博:@北京大学出版社
电 子 信 箱	weidf02@sina.com
电　　　话	邮购部 010-62752015　发行部 010-62750672 编辑部 010-62750673
印 刷 者	北京宏伟双华印刷有限公司
经 销 者	新华书店 890毫米×1240毫米　A5　8.5印张　168千字 2019年8月第1版　2019年8月第1次印刷
定　　　价	56.00元

未经许可，不得以任何方式复制或抄袭本书之部分或全部内容。
版权所有，侵权必究
举报电话: 010-62752024　电子信箱: fd@pup.pku.edu.cn
图书如有印装质量问题，请与出版部联系，电话: 010-62756370

序

汤一介[*]

德国哲学家雅斯贝斯(1883—1969)曾经提出"轴心时代"的观念。他认为,在公元前500年前后,在古希腊、印度、中国和以色列等地几乎同时出现了伟大的思想家,他们都对人类关切的根本问题提出了独到的看法。古希腊有苏格拉底、柏拉图,印度有释迦牟尼,中国有老子、孔子,以色列有犹太教的先知们,形成了不同的文化传统。这些文化传统经过两千多年的发展已经成为人类文化的主要精神财富。"人类一直靠轴心时代所产生的思考和创造的一切而生存,每一次新的飞跃都回顾这一时期,并被它重新燃起火焰。"(雅斯贝斯:《历史的起源与目标》,北京:华夏出版社1989年版,第14页。)例如,欧洲的文艺复兴就是把目光投向其文化的源头古希腊,使欧洲的文明重新燃起新的光辉,而对世界产生重大影响。中国的宋明理学(新儒学)在印度佛教的冲击后,再次回归孔孟,而把中国哲学提高到一个新的水平。各个民族、各个国家的思想家们就是这

---

* 北京大学哲学系教授、博士生导师,中国文化书院创院院长,北京大学哲学系文化研究所名誉所长。

样一代一代相传地推动着人类的历史文化的发展。我想,上述雅斯贝斯关于"轴心时代"的观念,可以对编这套书有一点重要启示,这就是人类必须不断回顾自己的历史,重温自己的文化传统。人类的历史是由人自身创造的,这中间推动历史前进的伟大思想大师无疑起着巨大的作用。如果我们能用准确而生动的语言写出这些大师启迪人的思想,应该能实现这套书所希望的"让大师走进大众,让大众了解大师"的宗旨。

司马迁说:"居今之世,志古之道,所以自镜也,未必尽同。"我们生活在今天,有志向实现自古以来人类的理想,重温自古以来的人们走过的历史历程,以此作为我们的借鉴,是非常必要的。因为"历史是一面镜子",虽然时移事迁,现在和过去不一定都一样,但总可以从古来的大师们的智慧中得到教诲。自古以来可以称得上"大师"的应该是:既能以他的深邃的思想引导人,又能以他的人格魅力吸引人,他们是真、善、美的化身。但是,看看今天我们的社会,不能不承认确实存在着不少问题,也许最为使人们担心的是,由于物欲的驱动,让许多人失去了理想,丢掉了做人的道理,这样下去将是十分危险的。"榜样的力量是无穷的",这套书对我们将能起着以"大师"为榜样的作用,使我们在各自的岗位上,不断丰富自己的知识,提高自己的理论思维能力,加强自己的道德修养,为人类社会的福祉做自己力所能及的事。

2005 年 8 月 8 日

孟子像

孟庙孟母断机处

孟子故里

孟母断机教子图

孟子像

亚圣殿

目 录
CONTENTS

第一讲 孟子生平
一、身世 / 003

二、母教 / 006

三、受业 / 009

四、授徒 / 014

五、游历 / 018

六、著述 / 028

第二讲 政治思想
一、"爱民"主张 / 034

二、"王道"理想 / 040

三、"贤人"政治 / 046

四、"民贵君轻"理念 / 054

第三讲 社会经济思想
一、"井田制"方案 / 062

二、"薄税敛"以富民 / 068

三、"恒产"与"恒心" / 075

四、"劳心"与"劳力" / 081

第四讲 天人学说

一、天的物理意义 / 091

二、天的目的意义 / 096

三、天的价值意义 / 099

四、命的二重性 / 108

五、天人合一 / 116

第五讲 生态学说

一、自然生态 / 123

二、"仁民爱物" / 132

三、养形与养心 / 143

第六讲 人性学说(上)

一、"四端"之情 / 153

二、性善说 / 159

三、性情才的关系 / 169

第七讲 人性学说(下)

四、心与性的关系 / 176

五、反求诸己 / 186

六、人性与环境 / 193

第八讲　人格修养与境界

一、"不动心" / 202

二、"养吾浩然之气" / 211

三、"大丈夫"精神 / 219

第九讲　历史地位

一、来自儒家的理论批判 / 232

二、政治地位的变化 / 239

三、新儒学中的孟子 / 249

第一讲

孟子生平

一、身世
二、母教
三、受业
四、授徒
五、游历
六、著述

孟子是继孔子之后的又一位大思想家,历史上经常"孔孟"并提,说明其地位之重要,亦说明其学说与孔子的内在联系。孟子平生以学孔子为其志愿,"乃所愿,则学孔子也"[①]。但是,他在许多方面发展了孔子的学说,在儒学史上又树起了一面旗帜。孟子的思想对后世产生了很大影响。

如果说,孔子更多的是用格言表达他的思想,那么,孟子就已经有很多长篇大论了。在战国时期的"百家争鸣"中,孟子以"好辩"而著称,他不仅是一位雄辩家,而且是一位散文家,他的文章是很美的。孟子很自信也很自负,大有"天将降大任""舍我其谁也"[②]的抱负。和孔子一样,孟子的抱负并没有实现,但是,他为后人留下了宝贵的精神财富。

---

① 《孟子·公孙丑上》38章,《十三经注疏》,下同,以下引文只注篇名。
② 《公孙丑下》。

一、身世

孟子名轲，邹（今山东邹县）人。关于孟子的身世，我们知道得很少。司马迁为孟子写"传"，只说明其姓名籍贯，未提其父母家世，甚至连孟子的字都未提及。这说明到西汉司马迁写《史记》时，孟子的身世已经很不清楚了。

东汉人赵岐为《孟子》一书作注，这是《孟子》的最早注释。但赵岐在《孟子题辞》中只说："孟子，邹人也，名轲，字则未闻也。"这基本上是重复司马迁的说法。后来的《史记正义》提出，"轲字子舆，为齐卿"。"为齐卿"是指孟子在齐国时被授予卿的爵位，享受卿的待遇。还有说孟子字子车的。但这些说法都晚出，研究孟子的著作一般都不采用。

但是，关于孟子的家世，赵岐在《孟子题辞》中提出了一点线索，说："或曰，孟子鲁公族之后。"所谓"或曰"者，是说有人这样说，或有这样一种说法，但不能肯定其确实如此。不过，赵岐倾向于接受这种说法，而这种说法确实有一定根据。其根据就是，《孟子》一书中有"孟子自齐葬于鲁"①的记载。赵岐在《题辞》中的说法与此相符。赵岐说："故孟子仕于齐，丧母而归葬于鲁也。"这显然是对《孟子》中

---

① 《公孙丑下》7章。

所说"自齐葬于鲁"的注解。所谓"归葬",就是回到鲁国去安葬。那么,孟子的母亲死于何地?据刘向《列女传》说,孟子在齐国时"有忧色",曾抱着柱子叹息,"孟母见之",即去看过儿子。这说明,孟母随儿子一起到了齐国,孟母是在齐国去世的。如果是这样,所谓"归葬",就是抬着棺木回到鲁国去安葬。可见,孟子的家世与鲁国确实有关。

所谓"鲁公族之后",是从姓氏上说的,指鲁国公族三桓(即鲁桓公的后代孟孙、叔孙、季孙三家)之一的孟孙氏的后代。春秋末期,三桓长期掌握鲁国的政权,这也正是孔子生活的时代。孔子曾经预言,卿夫夫掌握政权,"五世希不失矣",即经过五代之后,很少不衰败的。在鲁国,"政逮于大夫四世矣(指季文子、武子、平子、桓子四代),故夫三桓之子孙微矣"[1]。意思是,政权掌握在三桓之一的季孙氏手中已经四代了,因此,三桓的子孙快衰微了。事实上,进入战国以后三桓的子孙果然衰微了,并且散落到各地,用赵岐的话说,"既已衰微,分适他国"。孟孙氏一支散落到邹地,也是完全可能的。

孟子生于邹。邹离鲁国曲阜很近,孟子曾说:"近圣人之居,若此其甚也。"[2]但是,关于邹这个地方,史书记载不尽相同。据赵岐说,邹本是春秋时的邾子之国,到孟子时改名为邹,由于离鲁国很近,"后为鲁所并"[3]。这是根据《春秋左传》的有关记载提出的看法。

---

[1] 《论语·季氏》,《十三经注疏》。
[2] 《尽心下》38章。
[3] 《孟子题辞》。

但是,据《史记索隐》,"邹,鲁地名。又云'邾',邾人徙邹故也"。照这个说法,邹本来就是鲁国的地名,之所以又称"邾",是因为邾人迁徙到邹的缘故。不管按照哪种说法,在孟子时代,邹都是属于鲁国的。但是,孟子时代确有邹国,孟子也见过邹君,这在《孟子》中有记载。这样看来,邹为鲁国的附属之国,是没有什么问题的(《孟子》中亦有记述)。

孟子的生卒年,由于资料缺乏,人们有各种各样的推断,各种推断之间相差甚远。清人魏源作《孟子年表》,又著《孟子年表考》,根据《史记索隐》所说孟子死于周赧王二十六年,即公元前289年之说,又根据《阙里志》孟子活了97岁之说,进行推算,认为孟子生于周安王十七年,即公元前385年(杨伯峻先生的《孟子译注》采用此说)。但是在古代,如此高寿之人确实少有,孟子97岁之说未必可信。元代程復心的《孟子年谱》等书则说,孟子"寿八十四岁"。按照此说,孟子应生于周烈王四年,即公元前372年(也有说生于前371年的,如冯友兰先生)。这是比较传统的说法,也是很多人采用的说法,这个说法比较可信。

孟子的父亲就更不知其详了。据《春秋演孔图》《阙里志》等书说,孟子的父亲名激,字公宜。此说只能作参考,不能作凭证。因为这些书不仅晚出,而且其中的很多记载并不完全可靠。孟子父亲的行踪就更无迹可寻。我们只知道,孟子童年时期,已经失去了父亲。因此,便有孟母教子的许多记载。关于孟子失去父教的原因,有两种传说。一种传说是,孟子早年丧父,故不能亲受其教;一种传说是,孟父出了远门,故由母亲代父而教。赵岐采用了前一说,认为孟子"夙丧其父,幼被慈母三迁之教"①。

二、母教

有意思的是,孟子和孔子一样,是幼年丧父,在慈母的教育之下成长起来的,后来则成为影响中国文化的思想家。而孔母和孟母,因此而成为中国历史上教子有方的伟大母亲。这是很值得记一笔的。

据《春秋演孔图》《阙里志》等书说,孟子的母亲姓仉(zhǎng),出身不详。这一点不重要,也不必作为依据。但是,关于孟母教子的故事,史书记载很多。西汉人韩婴的《韩诗外传》,便记载了"断织""买东家豚肉""不敢去妇"等故事。

"断织"的故事是说,孟子少时诵书,母亲织布。有一次,孟子没有诵完就突然中止了,接着又诵。母亲知道是忘记了,说明他没有认真诵读,便呼而问之:"你为何中止?"孟子回答说:"有所遗失,但又得到了。"母亲便将已织的布砍断,以此训诫儿子。从织布这件事可以看出,孟子少年时的生活并不富裕,母亲织布应是重要的生活来源之一,也说明孟母是一位勤劳的母亲。对于辛勤劳动的成果,

---

① 《孟子题辞》。

当然很珍惜,但是,为了教育儿子认真学习,她忍痛"引刀裂其织",这是一件很不寻常的事。孟子从这件事果然受到深刻教育,铭记在心,从此后勤学不息,终于有成。

"买东家豚肉"的故事是说,孟子幼年时,有一次邻家杀猪,孟子便问母亲:"邻家杀猪干什么?"母亲随口说:"给你吃。"但是,话一出口,孟母就后悔"失言"了,心想,我在怀这孩子时,席不正不坐,肉割不正不吃,为的是"胎教",现在孩子懂事了,我却欺骗了他,这不是教孩子不讲信用吗?于是,从邻家买来猪肉给孟子吃了,做到了对孩子"言而有信"。后来,孟子对诚信有非常重要的论述。当然,他也有"言不必信,行不必果,唯义所在"①的说法,但那是在更深一层的意义上说的,"义"是很高的正义原则,建立在诚信之上,但又超越了世俗的信用。

"不敢去妇"的故事则是讲孟子娶妻以后的事。有一次,孟子外出,妻子在家独居,孟子回家时看见妻子很随便地坐在地上,这种坐姿,古时称之为"踞"(如"箕踞",就是指伸开两腿坐地)。孟子便告诉母亲:"妇无礼,请去之。""去妻"就是"休妻",用现在的话讲就是离婚。因为按照古代的"礼",妇女不能在人面前"踞"坐。但是,在妇女独居时并没有这样的要求。孟子不分场合,认为妻子这样坐了,就是"无礼"。"无礼"当然是很严重的问题,因此,孟子要"去之"。孟子之所以告诉母亲,说明他很孝,要听母亲的教诲。孟母果

---

① 《离娄下》11章。

然教育了儿子。便问:"为何说她无礼?"孟子说:"因为她'踞'。"孟母又问:"你怎么知道?"回答说:"我亲眼看见了。"母亲便说:"这是你无礼,而不是你妻无礼。按照礼的要求,入门时先要问一声'有没有人',上堂时要把声音放大,入户时则要眼看脚下,给人家留出准备的时间。今天,你去参加别人的'燕私'(即私人聚会),回家时不出声,进房时径直去看妻子怎么坐,这就是你的无礼,而非你妻无礼。"听了母亲的这一番教训之后,孟子不但不"去妇",反而"自责",即责备起自己了。

最为后人传诵的,要算"三迁"的故事了。刘向的《列女传》记载,孟子幼小的时候,其家离墓地很近,经常有人到坟山去从事葬丧一类的活动,孟子一一看在眼里,记在心上,小孩子要游戏,孟子便很自然地模仿大人的葬丧活动,搞一些"墓间之事"的游戏。孟母感觉到,这不应是儿子居住的地方,"此非吾所以处子也",即不适合孩子的成长,于是,决定将家迁到市场的旁边。但是,市场上人来人往,熙熙攘攘,尽是买卖之事,孟子又不免仿照买卖人,做一些生意游戏,即"衒卖之事"。孟母感觉到,这里也不是儿子居住的地方,即不利于安心读书。这次,孟母吸取了教训,将家迁到学宫的旁边。孟子游戏时便"设俎豆(礼器),揖让进退",即学习礼仪之事。孟母认为,这里才是儿子居住的地方,因而定居下来。后来,孟子果然成为一名大儒。

"孟母三迁"的故事,说明环境对于儿童教育的重要作用,更说明孟母之有远见以及对儿子的高度责任心。家庭教育是一个人一生成长的关键性环节,孟母的身教、言教和环境教育,对于孟子的成长,无疑具有奠基的作用。

三、受业

孟子出生时,孔已经去世一百多年了,相距有三四代人。孟子受业于何人,是一个有争议的问题。

孟子说过:"予未得为孔子徒也,予私淑诸人也。"①这是说,他未能受业于孔子门下,但他从孔子的传人那里学到并继承了孔子的学说。所谓"私淑诸人",是指私下向人学来的,"淑"是善或好的意思,按朱熹的解释,有传承孔子之道的意思。但这个"私淑诸人"的"人"究竟是谁,孟子没有说明。对此,史书则有不同的说法。司马迁在《史记·孟子荀卿列传》中说,孟子"受业子思之门人"。赵岐在《孟子题辞》中说,孟子长大后"师孔子之孙子思"。一个说受业于子思之门人,一个说受业于子思,究竟哪一种说法是真实的?

据《史记·孔子世家》说,子思的父亲伯鱼(即孔子的儿子),死于孔子之前,当时孔子 70 岁,即公元前 482 年。伯鱼活了 50 岁。而伯鱼的儿子子思活了 62 岁。这样算来,子思在孟子之前就死了。即使是子思生于伯鱼死去的同一年,也是在孟子出生后的第二年就

---

① 《离娄下》22 章。

死了,不可能成为孟子的老师。后来有人根据鲁缪公(即鲁穆公,前407—前376年在位)曾师事子思的事实进行推算,认为"史记所云子思六十二或八十二之误"[①],即子思可能活到82岁。如果是这样,就只能假定子思生于伯鱼临死的前后,才有可能成为孟子的老师,而且是75岁高龄之人(按孟子15岁拜师计算)。但这种可能性也不大。一是82岁之说只是推测,并无根据;二是年近八旬的老人很难再教十几岁的学生。

比较而言,司马迁之说更符合事实,就是说,孟子"私淑诸人"的那个人,是子思的门人。

但是又有人说,孟子师事的是子思的儿子。这是《孟子外书》的说法,但此书是伪造的,并非孟子所著,不可作为凭据。不过,这个问题对于研究孟子的思想形成,影响不大。可以肯定的是,孟子确实受业于子思的门人(或儿子),并通过子思而上接孔子。

子思不仅是孔子的嫡孙,而且是孔子之后的一位非常重要的思想家,其思想对孟子有直接的影响。子思的主要著作是《中庸》,宋以后被列为"四书"之一。清代"疑古"思潮兴起后,有人怀疑《中庸》不是子思所作,或以为是秦汉以后的作品。近来,随着地下文物如湖北郭店楚墓竹简的发现,以及研究的进一步深入,学者们又重新肯定《中庸》是子思的作品。

孟子的思想与子思有密切关系,历史上称之为"思孟学派",这

[①] 毛奇龄:《四书賸言》所引。

已是定论。稍后于孟子的荀子最早将子思与孟子列为一派,在《非十二子篇》批评了他们的学说。其中说:"略法先王而不知其统……案往旧造说,谓之五行……子思唱之,孟轲和之。"子思和孟子都是"法先王"的,而荀子是"法后王"的。至于"五行"之说,过去很长时间,人们不得其解,《郭店楚墓竹简》中的《五行篇》等出土后,问题就清楚了,"五行"就是指仁、义、礼、智、圣五种德行。这同孟子的思想是相合的。《郭店楚幕竹简》中的许多文字,是反映思孟学派思想的,这些文字对于研究孟子和子思的关系,提供了很多材料。

子思不仅在思想上影响了孟子,而且在人格风貌上也影响了孟子。子思曾经当过鲁穆公的老师,是一位敢于批评国君的很有正义感的思想家。有一次,鲁穆公问子思:大国的国君如何与士人交往?子思很不客气地回答说:论地位,你是君,我是臣,我不敢和你交往;论德行,你是学生,我是先生,你不配和我交往。以德行而与权力抗衡,这是子思的人格特点,这种品格在孔子弟子中大有人在,在孟子身上体现得更明显。《孟子》中记载了孟子不朝见齐王的故事,孟子引述曾子的话说:"曾子曰:'……彼以其富,我以吾仁;彼以其爵,我以吾义。吾何慊乎哉?'夫岂不义而曾子言之?"[①]他有财富,我有仁德,他有爵位,我有正义,我比他少了什么呢?如果这样说就是"不义",曾子能这样说吗?孟子有"天爵""人爵"之说,这里显然是借曾子的话,以"天爵"即仁义之德与"人爵"即地位权势相抗衡,其积极

[①] 《公孙丑下》2章。

的意义是使人君"尊德乐道",其消极的意义是不事无道之君。

又如竹简中的《鲁穆公问子思》记载,鲁穆公问子思:"何谓忠臣?"子思回答说:"恒称其君之恶者,可谓忠臣矣。"①"恒"者持久而不间断之义,这句话是说,能经常不断地指出君主的不当言论和行为的人,就叫作忠臣。对于"忠臣"的这个解释,表现了儒家的政治态度,同时也是对阿谀奉承的"佞臣"的一个严厉批评,更是子思人格的写照。子思的这些言论对孟子肯定有影响,并且在孟子身上得到进一步发展。孟子说:"唯大人为能格君心之非。"②"格"是"正"即纠正的意思,"格君心之非"就是纠正君主的思想上的错误。"大人"在先秦时期有两种不同的用法和涵义(如同"君子"的用法一样)。一种是指人格而言的,指具有伟大人格之人;一种是指地位而言的,指有政治地位的统治者。孟子这里所说,是指前一种意义,即人格伟大的人,这样的人能纠正君主的思想错误。《孟子》中称引子思之处很多,也很尊敬,在孟子心目中,子思就是这样的人。但是,在另一种意义上的"大人",即有权势地位而无其德的统治者,孟子则是藐视的。"说大人,则藐之。"③即以藐视的态度对待之,不要被他的威严所吓倒。这里表现的仍然是儒家的人格力量。

总之,孟子虽然未能亲自接受子思的教育,但是距子思不远,通过亲受子思门人的教育,接受了子思的思想。学成后,又经过独立

---

① 《郭店楚墓竹简》,北京:文物出版社1988年版,第141页。
② 《离娄上》20章。
③ 《尽心下》34章。

思考,与孔子思想"接轨",而又有新的发展,建立了自己的一套学说。

赵岐说,孟子拜师之后,"治儒述之道,通五经,尤长于诗书"①。"五经"之说出于汉代,赵岐可能是用汉代人常用的"五经"代表整个儒家经典,也可能是孟子时儒家"六艺"(即六经)已缺少了"乐经",只有"五经"了。详情不得而知。"尤长于诗书"之说可能是根据司马迁在孟子"列传"中所说"序诗书"而来。《孟子》一书中,经常引用《诗经》和《尚书》中的话,说明他对"诗""书"的重视。他对《诗经》很有研究,曾说过:"故说诗者,不以文害辞,不以辞害志,以意逆志,是为得之。"②这是对于"诗"的较早的③也是经典性的论述,所谓"诗无达诂"就是由此而来的,即不能只从文字和词句上解释诗,而要体会其中的意境及其所表达的情感意志。但孟子是一位善于独立思考的学者,对于经书并不盲从。比如《尚书》,孟子虽然很推崇,也很有研究,但是,对于其中的有些记载,他并不完全相信,就是说,不能盲目地相信经书中的所有话。"尽信《书》,则不如无《书》。吾于《武成》,取二三策而已矣。"④《武成》是《尚书》中的一篇(早已佚亡,今本《尚书·武成》是伪古文),古书是由"策"即竹简编成的,每篇有很多"策",孟子只取其中的两三"策",其他的他都不相信,这说明,他是

---

① 《孟子题辞》。
② 《万章上》4章。
③ 孔子也有《诗论》,见《上海博物馆藏战国楚竹书》。
④ 《尽心下》3章。

经过分析思考之后才决定取舍的。这只是一个事例,但能说明孟子对待经书的态度。孟子在子思的后学中,是一位很会独立思考的学生,因此,能成为一位有建树的思想家。

四、授徒

自从孔子开私人讲学之风,打破贵族教育之后,思想家们便纷纷成立私人学校,收徒讲学。到了战国时期,私人讲学之风更盛,不同学派的形成与此直接有关,因为只有众多学者结成一个团体,才能构成学派。战国中后期,学派林立,互相争鸣,孟子便是儒家学派的代表人物。

孟子和孔子一样,是一位杰出的教育家,大约在学成之后,即30岁左右,便开始收徒讲学。当时仍在邹国,但学生来源未必仅来自邹国。随着孟子影响的不断扩大,弟子也越来越多,到孟子周游列国时,很多学生跟随在身边,出现了"后车数十乘,从者数百人"[1]的盛况。由于各国诸侯给予孟子以优厚的待遇,孟子师徒出行时便能形成一个车队,跟随的学生有数百人之多。这种盛况已经大大超过孔子。这说明战国时期不仅经济、交通有很大发展,教育规模也扩大了,而孟子则成为赫赫有名的大教育家了。

---

[1] 《滕文公下》4章。

孟子一生没有离开教育事业。他从学成之后开始讲学,在周游列国的二十余年间一直没有停止,直到晚年回到邹国,仍有很多弟子,随时随地进行教育。《孟子》中有大量与弟子们的对话,这既可以看作是孟子学说的文字记载,也可以看作是孟子教育学生的实际记录。由于古代教育不像现代的专业教育,有专门教材,而是在师生问答、对话、讨论和平时言行中进行的,因此,孟子的教育思想和方法只能在《孟子》一书中看到。

孟子很热爱教育事业,将教育视为为后代培养人才、为社会贡献力量的巨大工程,并以从事教育事业为最大的乐趣。孟子说过,君子有三大乐趣,而成为一个"王"(即最高统治者)并不在其中。"父母俱存,兄弟无故"是一乐;"仰不愧于天,俯不怍于人"是二乐;"得天才英才而教育之"是三乐。[①] 一乐是家庭之乐,二乐是个人成德之乐,三乐则是为天下后世培养人才之乐。按照朱熹的解释,第三乐即教育英才之乐更加重要,可谓圣人之乐。"圣人之心所欲愿者,莫大于此,今既得之,其乐为何如哉?"孟子已经实现了这个愿望,他的乐就可想而知了。

孟子教学的指导思想,不是强制性的灌输知识,而是相信学生的内在潜能和先天素质,通过引导、启发和指点,使其发挥出来。这就是"先知觉后知,先觉觉后觉"的教育。孟子认为,很多人生道理是人人都具备的,只是先生比学生早觉悟、早知道而已,并不是只有

[①] 《尽心上》20章。

先生有知，而学生全无知。先生的作用就是"开发"学生的智慧，而不是向学生"灌输"知识。因此，他反对"好为人师"，也不以"先知"者自居。"人之患，在好为人师。"①"好为人师"的人，总认为自己有知，别人无知，以向别人"传授"知识而自居。教育重在启发"自觉"，而不是使学生被动地"接受"知识。这一点至今有重要的指导意义。

由于当时社会历史条件的特点以及人文思潮的普遍高涨，孟子对人的问题特别关注，对人性一类的问题有特殊兴趣和研究，因此，孟子并不主张学生获得各种具体的知识，而是强调学生要培养自己的人格，实现人生的价值，关心人与自然的关系以及社会人生问题。孟子的教育基本上是人文主义教育。

由其教育思想所决定，孟子的教育方法也是以启发式教育为主。"引而不发，跃如也。"②就很生动地体现了孟子的启发式教育的方法。就像射箭，引满了弓，却并不发箭，做出跃跃欲试的样子，有能力的人便跟着来。孟子在同弟子谈话时，常常不明确说出答案，而是一步一步地追问，让学生自己提出答案，就是这种方法的应用。

但是，启发式教育并不意味着放弃标准和原则，更不是任意迁就。正好相反，孟子是很坚持原则的。正如"大匠"（即技术高明的匠人）不为拙劣的工匠改变规矩，羿（即传说中的神射手）不为拙劣的射手改变靶子一样，教育也是有严格标准的。这一点在孟子回答

---

① 《离娄上》23章。
② 《尽心上》41章。

学生提问时表现得很清楚，为了坚持原则，孟子常常批评一些不正确的观点。

在坚持原则的同时，孟子又很重视灵活性，并不是一味地教条式地宣讲一些原则。这既是孟子的思想方法，也是孟子的教育方法。其中，经与权的关系问题就是孟子很强调的一个问题，并且通过各种问题的探讨，要求学生将二者结合起来，在特殊情况下则要以权行之。比如，按照"礼"的规定，"男女授受不亲"，即男女之间不能有身体接触，但是，当兄嫂溺于水中时，弟弟可以"授之以手"，即用手将兄嫂救上来。这不仅是允许的，而且是符合"礼"的精神的，因为"礼"从根本上就是对别人的恭敬和尊重，是建立在关心他人的基础之上的，在遇到紧急或特殊情况时，就不能按照常规行事，而要用特殊的方式去处理。通过这个日常生活中的具体事例，可以说明一个道理，在极其复杂的条件下，不能死死地守住"礼"的"原则"去行事，而要有变通的办法。这就是孟子教育学生的方式，也是他为人处世的方式以及对待各种问题的方式。

据说，孔子有弟子三千，通"六艺"者七十二人。但孟子有多少弟子，由于数据缺乏，不得而知。《孟子》中出现过的，至少有十几人，其中，乐正子、公孙丑、万章、公都子、陈臻、陈代、彭更、屋庐子、桃应、孟仲子、徐辟、充虞、咸丘蒙等人是比较著名的。尤其是乐正子，鲁平公曾想请他治理国政，孟子称其为"好善"[①]，应是孟子弟子

---

① 《告子下》13章。

中的佼佼者。公孙丑、万章在孟子晚年时帮助他完成《孟子》一书，也是很重要的。

五、游历

孟子是一位很有政治抱负的思想家，在诸侯互相侵夺、战争连年不断的战国时期，他建立了自己的学说，提出了儒家的社会理想和一套治理国家的政治经济主张及其方案。当时，士人游说之风盛行，各家各派的人物都想实现各自的主张，纷纷游说诸侯，出现了"处士横议"的局面。就在这种背景下，孟子开始了他的"周游列国"之行，希望能通过"游说"，实现他的主张。

孟子大约在 45 岁之前开始了各国之行，曾先后到过齐、宋、邹、鲁、滕、梁（即魏）等国。其中，到齐国的次数最多，时间也最长。他每到一国，或者与国君亲自谈话，或通过与大臣、士大夫接触，宣传他的主张，对当时的形势发表议论，提出建议。有少数被接受了，但大多数未被采纳，而他的基本主张几乎完全遭到拒绝。他的主张和建议被形容为"迂远而阔于事情"[①]，意思是不切合实际，难以实现。但是，他的影响却越来越大，因而受到各国诸侯的尊敬和礼遇。

孟子出游的第一个国家是齐国。当时齐国有著名的稷下学宫

[①]《孟子荀卿列传》，《史记》，北京：中华书局 1975 年版，第 2343 页。

(在都城临淄稷门),聚集了各国有影响的学者,他们在这里自由辩论、讲学、研究和著述,学术气氛十分活跃,是"百家争鸣"的一个重要场所。孟子首先选择齐国,可能与此有关,他也很可能到过学宫。

但孟子在齐国并不得志,没有与当时的国君齐威王见面,也没有机会宣讲他的主张。但是有一件事引起了很大反响。齐国的匡章有"不孝"之名,但孟子却与之相处得很好,"与之游,又从而礼貌之"①,这不免引起了议论。当弟子向他提出这个问题时,他回答说,所谓"不孝"者有五,而匡章一件也没有,匡章之所以背上"不孝"之名,只是因为"子父责善"即父子之间以善相责而引起不愉快,这不能说是不孝。大概由于这件事,孟子和齐国的君臣之间不太和谐,最后离开了。

就在齐国期间,孟子的母亲死了,因而"归葬于鲁"。

孟子之所以离开齐国,还有一个重要原因是,当时的宋王偃要实行"王政",在诸侯之间产生了影响,孟子认为,这是一个机会,于是,离开齐国,到了宋国。这大约在齐威王三十年(前327)左右,孟子约48岁。宋国是一个小国,且夹在齐、楚两大国之间,处境很危险。对此,孟子则认为,只要行王政,"四海之内皆举首而望之"②,齐楚虽大,有何可怕?孟子担心的是宋国缺少贤人,因此,他劝戴不胜要多荐贤士。薛居州是一位贤士,但是,只有在宋王的周围有很多

---

① 《离娄下》30章。
② 《滕文公下》5章。

薛居州,才能推行王政。如果只有一个薛居州,又有什么用?"一薛居州,独如宋王何?"①这是说,宋王周围缺少能干的贤臣。

要实行"王政",还要在经济上实行一些政策。孟子是主张"什一"即十取其一的税收制度的,这比当时通行的税收制度要轻得多。宋大夫戴盈之对孟子说,要实行"什一"之税,"去关市之征",即去掉关卡和市场的税收,现在办不到,可以逐渐减少,等到明年完全实行,怎么样?孟子回答说,这就好比有人偷了人家的鸡,有人告诉他,这是不道德的,他便说,我可以减少,一月偷一只,等到明年,就完全停止。这是没有改正错误的决心。"如知其非义,斯速已矣,何待来年?"②既然知道错了,就立即停止,为什么还要等到明年呢?

大概孟子的这些主张都没有实现。

在宋国期间,滕国的太子(后为滕文公)到楚国去,路经宋国,拜访了孟子,"孟子道性善,言必称尧舜"③,感动了滕太子。从楚国回来时,滕太子又一次访问了孟子,孟子引用前人的话以鼓励太子,并说,滕国的面积虽不大,但是"绝长补短"计算起来,也有长宽各五十里,还可以治理成一个好国家。

孟子觉得,在宋国很难实现"王政",继续留下来已没有意义,于是决定回到邹国。

回邹后不久,滕国的国君定公死亡,太子要举行丧礼,便想起孟

---

① 《滕文公下》6章。
② 同上书,8章。
③ 《滕文公上》1章。

子的谈话,"于心终不忘"。于是,请然友(太子的老师)到邹国请教孟子,然后决定丧事。然友传达之后,孟子回答说:问得好啊!父母去世后,本应尽心尽力办好丧事。但是,各诸侯国的丧礼我没有学过,我只听说过,"三年之丧","三代共之",上自天子,下至庶人,没有例外。意思是,应当行"三年之丧"。然友回国报告于太子,太子果然采用了孟子之说,定为三年之丧。这是孟子的主张第一次被采纳。但是,邹国的父老百官却不愿意,说:我们的宗主国鲁国的先君已不实行了,我们的先君也不实行了,到了你这里却要改变过来,这是不合适的。他们还引用《志》书中的话说,丧祭之礼要依照祖先的规矩,以证明现行的丧礼是有依据的。但是,现行的丧礼是什么样子,《孟子》中并无说明。

太子听了这些话,不敢决定,请然友再次去请教孟子。孟子说:这事不能求之于别人,要由太子自己做决定。在上位者爱好什么,下面的人必定爱好得更厉害。他还引用孔子的话说,君子的德好比风,小人的德好比草,风向哪边吹,草便向哪边倒,因此,完全取决于太子。然友报告后,太子说:是。这诚然决定于我自己。于是决定行三年之丧。五个月居于墓庐而未颁布任何政令,百官和族人都很赞成,认为知礼;等到举行葬礼时,四方的人都来观礼,太子容色悲凄,哭泣哀痛,吊丧的人非常满意。[①] 这说明丧礼办得成功。

这件事说明了几个问题。一是在孟子生活的战国中后期,古代

---

① 见《滕文公上》2章。

的葬丧之礼已经普遍不实行了,鲁国被认为是保存周礼最多的国家,连鲁国都不实行"三年之丧"(其实,从孔子时代就已经看出这个迹象了),其他各国就可想而知了。二是孟子提倡"三年之丧"的用意,主要不在形式,而在于如何体现对父母的真正的孝敬之情。"亲丧,固所自尽也。"①亲身躬行葬丧之礼,本来是出于内心真情,因而是很严肃的事情。三是亲丧不只是个人之事,其影响所及是全社会的,通过丧礼,使全社会的人都知道如何对待父母,满足人们的终极性的情感需要,这才是丧礼的作用所在。从孟子"归葬于鲁",有人议论其奢侈,以及孟子的回答,也可以看出,他是很重视"亲情"之孝的。这关系到整个社会的风尚,关系到人的道德素养和国家的安定团结。因此,孟子才如此重视。

孟子居邹期间,鲁国的国君(平公?)已经知道孟子是一位很有影响的人物,打算让他的弟子乐正子治理国政。孟子知道后"喜不能寐",非常高兴。他知道,乐正子并不是很坚强,也不是很有聪明才智和知识,但是乐正子有一个最大的优点,就是"好善",对于治理国政而言,这就足够了。因为如果治理国家的人"好善",四面八方的人就会不远千里而来"告之以善";如果治理国家的人"不好善",就会"拒人千里之外",而那些阿谀逢迎之人就会纷纷而至,想治好国,是不可能的。②从这里可以看出,孟子的一个治国理念,就是贤

---

① 见《滕文公上》2章。
② 见《告子下》13章。

人政治或精英政治,他对学生的要求也是出于这个目的。

正是由于这个机缘,孟子便到了鲁国。他很想通过他的学生帮助鲁君治理好国家。在乐正子的建议下,鲁平公要会见孟子,却因宠臣臧仓的谗言而中止。臧仓对平公说,孟子并不是一个贤德之人,他给母亲办的丧礼比给父亲办的丧礼规模还要大。鲁平公听信了臧仓的话,不去会见孟子。乐正子向平公问清原因之后,便解释说,这是因为孟子举行父葬时只是一个士,而举行母葬时则是大夫,身份不同,贫富也不同,规模大小自然也不同。但是,鲁平公并未改变态度。乐正子将平公不见孟子的原因及经过告诉了孟子。孟子说:干一件事或不干一件事,都有一种力量支配着,不是人力所能改变的,"吾之不遇鲁侯,天也,臧氏之子焉能使予不遇哉?"[①]这里表现出孟子的"无奈",将不能见鲁君的原因归之于客观命运。他决定离开鲁国。

正在这时,滕太子已正式继位,是为滕文公。由于他与孟子有过多次交往,又采纳过孟子的建议,孟子便决定到滕国去。这时,孟子已年过五十,大约在公元前322年左右。

孟子到滕国后果然受到了欢迎,并享受到最优厚的待遇。滕文公经常与孟子相见,请教如何治国的问题,孟子也有机会阐述他的仁政学说。但滕国毕竟是一个小国,夹在齐、楚之间,很难有所作

---

① 《梁惠王下》16章。

为。滕文公正为此发愁,向孟子请教,孟子却说:"是谋非吾所能及也。"①即不是我的能力所能解决的。不得已,就只有凿地筑城,与人民一起死守。只要人民宁死不屈,愿意献身,就能守住。但是在当时,小国与大国之间,力量是很悬殊的,于是,他又根据周太王在邠(bīn)地,因受狄人侵犯而主动放弃邠地,迁到岐山之下,老百姓因太王之仁而"从之者如归市"的故事,劝滕文公行仁政,仿效太王。这两种办法究竟哪一种更可行?他自己也说不准,只有请滕文公二者择一。② 这说明孟子的理想和现实之间,确实有很大距离。

孟子在滕国很难实现理想,这时,梁惠王正在招贤纳士,便来到梁国(即魏国,因国都在大梁,故又称梁国)。这时,孟子约55岁,即公元前319年左右。

孟子见到了梁惠王,梁惠王开口便问:"叟!不远千里而来,亦将有以利吾国乎?"称孟子为"老先生",是表示对孟子的尊重,但问题很直截了当,你不远千里而来,有何有利于我国的好办法吗?孟子的回答也很干脆,说:"王!何必曰利,亦有仁义而已矣。"③意思是,你何必开口就讲利,治理国家只有依靠仁义。这就是所谓"义利之辩"。梁惠王是一位有为的国君,在位五十余年,而梁国曾盛极一时,威震诸侯。但与孟子见面时他已是七十多岁的老人,而梁国正受到周边大国的不断侵犯。东边与齐国开战,吃了败仗,连大儿子

---

① 《梁惠王下》13章。
② 同上书,15章。
③ 《梁惠王上》1章。

都牺牲了;西边败于秦国,丧失河西之地七百余里;南边又受辱于楚国,丢掉八座城地。梁惠王向孟子说明这些情况,觉得这是奇耻大辱,要为战死者报仇,问孟子有何办法。孟子便用经济上、政治上如何实行仁政于民的主张说服梁惠王,要他相信"仁者无敌"的道理。梁惠王表示"愿安承教"①,即很乐意听孟子的指教,但是第二年就去世了。梁襄王继位,孟子一看,就不像一个人君的样子。他却突然向孟子问道:"天下怎样才能安定?"孟子回答说:"统一才能安定。"又问:"谁能统一?"孟子道:"不嗜杀人者能一之。"即不好杀人的人能统一。当今诸侯国的君王,没有不好杀人者,如果有一位不好杀人的君王出来,老百姓就会"引领而望",归附于他。② 但孟子已不想在梁国继续待下去了。这时,齐宣王即位不久。孟子大约在公元前317年,即57岁左右时再次来到齐国。

齐国是一个大国,齐宣王又是一位有作为的国君。孟子这次到齐国之后,"为卿于齐"③,即身居卿位,居住时间较长,与齐宣王进行了一系列谈话,内容也比较广泛,从历史到现实,从政治到教育,从个人生活到国家治理,从"好乐"到"好勇",从"好货"到"好色",从军事到外交,几乎无所不谈。孟子无所顾忌、善于辩论的性格和风范也得到了充分的表现。齐宣王也愿意听孟子的议论,曾表示:"愿夫

---

① 《梁惠王上》4章。
② 见《梁惠王上》6章。
③ 《公孙丑下》6章。

子辅吾志,明以教我。我虽不敏,请尝试之。"[1]就在这种情况下,孟子比较全面地阐述了他的"制民之产"的经济主张及其他主张。但是,只有在一件事情上,孟子的谈话与齐国的军事政治发生了直接的关系。

孟子到齐国后不久,燕国发生了"禅让"之事,燕王哙将位让给了他的国相子之(前316)。此事引起了轩然大波,一时之间,燕国大乱。齐国是燕国的近邻,本来有攻燕之心。恰在这时,有个叫沈同的大臣私下里问孟子:"燕可伐与?"孟子说:"可。子哙不得与人燕,子之不得受燕于子哙。"[2]意思是子哙不应将王位让于子之,子之也不应从子哙手中接过王权。结果,齐国果然于公元前316年伐燕,并且很快取得了胜利。这时,宣王问孟子:有人劝我吞并燕国,有人劝我不要吞并。吞并了,如何? 孟子回答说:如果吞并之后燕国的人民高兴,就吞并;如果吞并之后燕国的人民不高兴,就不要吞并。结果,齐国趁胜吞并了燕国。但这样一来,引起各诸侯国的不满,赵国联合其他诸侯,准备伐齐救燕。齐宣王害怕,又问孟子,该怎么办? 这次孟子回答得很明确:本来燕国的统治者虐待自己的人民,你们去征讨,人民以为拯救他们于水火之中,因而欢迎你们。但是,你们却杀死他们的父兄,捆绑他们的子弟,毁坏他们的宗庙,搬走他们的宝器。这怎么可以呢? 诸侯国本来就怕齐国强大,现在你

---

[1] 《梁惠王上》7章。
[2] 《公孙丑下》8章。

们的土地增加了一倍,又如此暴虐,这等于动员天下之兵来攻你。现在,你赶快下令,遣回老小俘虏,归还宝器,与燕民商议,立新君而撤离,还来得及。①

但是,宣王并未听取孟子的劝告。结果,齐国大败,损失惨重。宣王很后悔,说:"吾甚惭于孟子。"②后来有人问孟子:你曾劝齐国伐燕,有这事吗?孟子说:没有。沈同私下问我,燕可伐吗?我说可。他们就去伐了。他如果问,谁可伐燕?我将回答,为"天吏"者可以伐之。这就如同有人问,杀人犯该不该杀?回答是该杀。如果再问,谁能杀?则回答说,为"士师",即负责狱讼的人能杀。如今是同燕国一样暴虐的国家去伐燕国,我为何去劝他呢?③ 后来有人认为,孟子的这番话是为自己辩解。实则不然。从孟子前后的谈话可以看出,他是始终坚持他的"仁政"主张的。他认为,对于无道的国家是应当讨伐的,但只有"仁者之师"才有资格讨伐。以不仁伐不仁,这是他所反对的。

孟子决定辞去卿位回到邹国,齐宣王看望了孟子。宣王又托人转告孟子,打算在都城送孟子一所房子,以万锺之粟奉养他的弟子,被孟子拒绝了。④ 孟子离开齐国,走到昼这个地方(西南边邑),住了三夜,寄一线希望于宣王,等待宣王在这最后时刻改变主意,请他回

---

① 见《梁惠王下》11章。
② 《公孙丑下》9章。
③ 同上书,8章。
④ 同上书,10章。

去,再施展抱负,但是,始终没有任何消息。于是孟子"浩然有归志",正式离开齐国。在路上,他很有感慨地说:"五百年必有王者兴,其间必有名世者。由周而来七百有余岁矣,以其数则过矣,以其时考之则可矣。夫天未欲平治天下也;如欲平治天下,当今之世,舍我其谁也?"① 这不仅仅是由于孟子因其政治理想不能实现而表现出来的迷茫和无奈,而且表现了孟子对他的学说的自信和对历史的质问。我们不必执意追究五百年是不是出现一位圣王以及"名世"的大贤,我们应当理解孟子此时此地极其复杂的内心活动。

孟子回到邹国后,已经是六十多岁的老人了。此后,再也没有出游。

六、著述

孟子晚年,除了继续收徒讲学,主要是著述,最终完成了《孟子》一书。

如果说,春秋时期还没有普遍兴起著作之风,那么,到了战国时期特别是中后期,思想家们便开始著书立说了。孟子就是其中的一个。孔子是"述而不作",即口述而不著之于书,弟子们将他的话记录下来,经过再传弟子的整理,成为《论语》一书。《孟子》一书则是

---

① 《公孙丑下》13章。

既有"述",又有"作",基本上是孟子自己完成的。

司马迁在《孟子荀卿列传》中说:"天下方务于合从连横,以攻伐为贤,而孟轲乃述唐、虞、三代之德,是以所如者不合。退而与万章之徒序诗书,述仲尼之意,作《孟子》七篇。"①从孟子"周游列国"的经过我们看到,当时诸侯国都以"富国强兵"为务,以攻伐为能,不是吞并别国,就是被别国吞并,他们关心的是,如何吞并别国,或者如何不被别国吞并,并无心思实行所谓"仁义"之类。就在这种情况下,孟子每到一国,不顾别人的反对,以唐虞三代为理想社会,以仁政德治为当务之急,其说与其所说的对象"不合",是可想而知的。

但是,晚年回到邹国后的孟子,不但没有放弃自己的学说,而且进一步总结、完善了自己的学说。他与弟子万章、公孙丑等人一起充分展开对话,将自己的思想系统化,并将过去的言论加以整理,终于完成《孟子》七篇。《孟子》中与万章、公孙丑的问答最多,说明二人参与了讨论与写作。书中与其他弟子的问答大都称"子",如乐正子、公都子、屋庐子、徐子、陈子等等,而只有万章、公孙丑直称其名,这说明《孟子》中的对话是由他们二人记述的。但是最后,很可能经过孟子的删定。因为《孟子》一书,不仅有很多长篇大论和论证,而且文字风格也是前后一致,有"一气呵成"之感。

正因为如此,有些注释家认为,《孟子》一书是孟子自己写成的。赵岐在《孟子题辞》中说:"此书,孟子之所作也,故总称谓之《孟

---

① 《史记》,第 2345 页。

子》。"又说:"孟子……于是退而论集所与高第弟子公孙丑、万章之徒难疑答问,又自撰其法度之言,著书七篇。"按照这个说法,与公孙丑、万章等弟子的问答,是由孟子自己"论集"而成的,除此之外,又"自撰"了许多重要内容。后来,朱熹也认为《孟子》是由孟子自己写成的,主要依据是"首尾文字一体"。这些说法与司马迁基本上是一致的,只是司马迁笼统地说,孟子与万章之徒作成《孟子》,而赵岐、朱熹则明确指出,《孟子》是由孟子"著"或"自著"。如果公孙丑、万章的记述经过孟子的最后删定,说孟子自著也是可以的。在孟子时代,还没有后人著书的习惯和体例,所以保留了问答的形式。这种问答,也不是如同后人写书,假设两个人物,主客之间展开辩论,而是一种真实记录。现代也有人口授而别人记录的例子,但是最后要经过本人定稿。

不过,也有人认为,《孟子》一书是孟子死后由弟子万章、公孙丑共同记述的,如唐代的韩愈、宋代的晁公武以及清代的崔述等人。有人甚至认为是门人的门人编定的。主要根据是书中称弟子为"子",而"子"是尊称,如今人称"先生";又对当时的诸侯称谥,如齐宣王、梁襄王,他们都死于孟子之后,而诸侯之谥,只有死后才有。但这并不能推翻孟子自著之说。这些称呼是后来由门人或门人的门人改定的。

司马迁和赵岐都说《孟子》有七篇。但是,班固的《汉书·艺文志》却说,"《孟子》十一篇",多出四篇。赵岐又列出这四篇的篇名,即《性善辩》《文说》《孝经》《为政》,称之为《外书》。但他又说:"其文不能弘深,不与内篇相似,似非孟子本真,后世依仿而托之者也。"①这说明,在东汉赵岐时,就有《孟子外书》,但因与《孟子》不相似而被赵岐怀疑为"依托"之作,因此不为之作注,后来也就渐渐佚失了。现存的《孟子外书》四篇,经学者考证,是明人伪撰,不能当作孟子的著作去读。

《孟子》七篇之中,赵岐为之分出章句,又将每篇分出上下,共十四篇。现在流传下来的《孟子》一书,就是因此而来的。

按赵岐所说,孟子著述的目的是"垂宪言以遗后人"②,即他的主张既然不能实现,那就笔之于书,使后人有所了解,对后世有所贡献。孟子著述的指导思想是"述尧舜之道""拟圣而作"③,即以上古圣人之道为理想目标,对现实社会进行批判,仿效孔子作《论语》的方法写成《孟子》一书。这些看法是有道理的。战国时期著述之风虽然盛行,如《墨子》《庄子》《荀子》等书已经开始按照书中的内容定其篇名,但《孟子》仍然仿照《论语》的方法,取开头的几个字作篇名,每篇的内容也大都是以对话的形式表述的。

关于孟子写作时用以表述思想的思维方式,赵岐提出了很好的解释。他说:"孟子长于譬喻,辞不迫切而意以独至。其言曰:'说诗者,不以文害辞,不以辞害志,以意逆志,为得之矣。'斯言殆欲使后

---

① 《孟子题辞》。
② 同上。
③ 同上。

人深求其意以解其文,不但施于说诗也。"①赵岐认为,上引孟子的话,虽是说《诗》,却又不止于说《诗》,它其实是理解孟子本人著作的重要方法。比喻确实是孟子运用最多也是最重要的"表述"或"辩论"的方法,也是中国哲学不同于西方哲学的逻辑方法的一个重要方面。孟子正是用类比逻辑,建立了他的学说,也是用这种方法,写成《孟子》这部重要著作。赵岐本人在注《孟子》时,虽然偏重于文字和名物训诂,但他并不满意汉代经学家只重"字"而不重"意"的做法。"今之解者摭取而说之,其说又多乖异不同矣。"②汉代学者往往摘章引句,字字求解,其结果,只能是断章取义,不见全体,而且各自为说,互相矛盾。今天我们读《孟子》时,应当注意这一点。

孟子死于公元前289年,活了84岁。现在的山东邹县,有孟庙和孟府,孟府是现代人所建。

---

① 《孟子题辞》。
② 同上。

第二讲

政治思想

一、"爱民"主张

二、"王道"理想

三、"贤人"政治

四、"民贵君轻"理念

一、"爱民"主张

孔子主张"德政",孟子主张"仁政"。其实,"仁政"与"德政"既有本质上的联系,又有时代特点的不同。

孟子所处的时代,是诸侯争霸的战国时代,周王朝已经彻底衰亡了,连表面上的"共主"地位也丧失了。所以,孟子再也不提周天子了,也不像孔子那样,提出"礼乐征伐自天子出"那样的口号了。当时,诸侯国都可以称王称霸,一切取决于武力。但是,战争连年,殃及百姓,人民渴望和平和统一。诸侯争霸都是打着统一的旗号。孟子也是主张统一的;但是,在为什么统一和如何统一的问题上,孟子和当时的法家,提出了完全不同的主张。"仁政"就是孟子实现统一的根本主张。

当时,有一个诸侯王(梁襄王)问孟子:"天下恶乎定?"即天下怎样才能安定？孟子回答说："定于一。"即只有统一天下才能安定。接着又问："孰能一之？"谁能统一天下？回答是："不嗜杀人者能一之。"即不好杀人的人（国君）能够统一。"不嗜杀人"就是孟子仁政学说的一个重要内容，不过是从反面说的，从正面说就是"爱民"。①

孟子毫不留情地说，当今的诸侯，"未有不嗜杀人者也"。② 如果有一个"不嗜杀人者"出现，他就能够统一天下。"未有不嗜杀人者"，是一个全称判断，也是对当时的政治统治者的一个全面批判。而他所说的"不嗜杀人者"，则是一个针锋相对的主张，也是一个反潮流的说法，简直是"逆历史潮流而动"。但是，照孟子所说，诸侯们喜欢用杀人的办法实现统一，但这只是"以力服人"而不是"以德服人"。以力服人者，人民只能是被迫的，而不是自愿的，心里并不服；以德服人者，人民就会心悦诚服，自觉自愿跟他走。③ 这就好比七八月间的禾苗盼望雨水一样，"天油然作云，沛然下雨，则苗勃然兴之矣"。如果有"不嗜杀人"而能爱民的国君，解救人民的疾苦，天下的人民就会"引领而望之"，伸着脖子仰望他，自觉自愿跟随他，就像河水向下奔流一样，谁能阻挡得住呢？④

"不嗜杀人"是孟子针对当时诸侯"好战"的现实提出来的政治主张，可行与否，暂且不论。其中蕴涵的真实意思，就是"仁义"。这

---

① 见《梁惠王上》6章。
② 同上。
③ 见《公孙丑》3章。
④ 《梁惠王上》6章。

正是从孔子的仁学发展而来的。孔子仁学的核心,就是"爱人"。但孔子主要是从人与人的关系上说的,仁德的实现更多地具有伦理学的意义。孟子进而将仁德推向政治,成为一种政治原则。一方面是针对当时的社会战乱,批判"杀人盈野""杀人盈城"的战争行为;另一方面,则表现了儒家最重要的政治理想,这就是以"爱民"为核心的"内圣外王"之学。

孟子渴望出现圣人,来治理天下国家,先治理好一个国家,进而统一天下。就像当年的周文王,只有一百里大小的地方,却由于实行仁政,后来终于消灭了殷纣王的暴虐统治而统一了天下。实际上,他所理想的圣人,就是有"仁心"并能行"仁政"之人。仁心不是别的,就是"恻隐之心""不忍之心"。"以不忍人之心行不忍人之政,治天下可运之掌上。"①这就是仁政。孟子的仁政学说是建立在他的人性学说之上的(关于人性学说,以后还要讨论)。他从人君有仁心推导出仁政,实现天下太平,这是一种理想主义的政治学说,甚至是一种乌托邦。其全部政治主张,是建立在"爱人""爱民"这一基础之上的。他说,不相信自己仁心的人,"自贼者也",即陷害自己;不相信国君有仁心的人,是"贼其君者也",即陷害国君。② 但是,现实中的国君,正如他所说,"未有不嗜杀人者",那么,怎样才能行仁政呢?这正是孟子最关心的问题。

---

① 《公孙丑上》6章。
② 同上。

照孟子的说法,问题不在于国君有没有仁心,而在于一旦做了国君,就容易被权力、地位和欲望所"陷溺",因而贪图享受,扩充权力,满足个人贪欲。孟子并不反对欲望,有些国君,"好色""好货""好乐""好勇",这并不可怕,可怕的是只求一己之乐,而不顾人民之忧乐,只满足一己之欲望,而不顾人民的需要。如果能做到"与民同之",时时考虑到人民的需要,那就是仁政的开始。"乐民之乐者,民亦乐其乐;忧民之忧者,民亦忧其忧。乐以天下,忧以天下,然而不王者,未之有也。"①这就是范仲淹脍炙人口的"先天下之忧而忧,后天下之乐而乐"的经典来源。它已成为中国士大夫的重要的政治理念。但是,这需要做国君的,提高道德修养和政治品德,限制个人欲望的膨胀。孟子提出"养心莫善于寡欲"②,虽然是一个普遍的命题,但是,正如人人都要修养一样,对于为政者来说,却有更严格的要求,他必须首先做到这一点,才能谈到行仁政的问题。当然从客观方面说,还要有"大人"以"格君心之非"③,即纠正君主的各种不正确的念头。

"爱民"是孟子仁政学说的核心,孟子对人民有深切的同情,这是作为思想家的孟子最突出的一个特点。统治者应当把人民的疾苦放在首要的位置,以人民的愿望和利益为最高原则,这样才能实现王道政治。他指出,为人君者,厨房里有肥肉,马厩里有肥马,而

---

① 《梁惠王下》4章。
② 《尽心下》35章。
③ 《离娄上》20章。

人民有饥色,野外有尸体,这是"率兽而食人也"①。这样"行政",而口口声声说什么"为民父母",难道"为民父母"就是让人民饥饿而死吗?这是对现实政治最严厉的批判。

究竟怎样实现"爱民"这一主张呢?孟子提出了"推恩"的方法,就是由近及远、由内及外,将亲情之爱推及全国乃至天下的老百姓,使人民得到真正的实际好处。在孟子看来,这是"为不为"的问题,不是"能不能"的问题。齐宣王在堂上,有人牵牛从堂下经过,宣王看见后问道:"牛何之?"即牵牛往何处去?回答说:"将以衅(xìn,血祭)钟。"即杀死用来祭祀。宣王说:"舍之!吾不忍其觳觫,若无罪而就死地。"意思是,放了它吧!我不忍看见它被活活杀死时的恐惧、可怜的样子,牠是无罪的,却要送死。孟子从这件事中得出结论说:"是心足以王矣。……臣固知王之不忍也。"就是说,宣王有"不忍"之心,这就是"仁术",亦即仁心。凭这点不忍之心,就足以能够实现仁政而统一天下。对禽兽尚且有不忍之心,对人民就更应当有仁爱之心。但是,如今"恩足以及禽兽,而功不至于百姓者,独何与?"仁心能施之于动物,而百姓却得不到实际好处,究竟为什么呢?就因为没有将这种仁心推行到百姓身上。"百姓之不见保,为不用恩焉。故王之不王,不为也,非不能也。"前一个"王"字,是指现实中的诸侯王,后一个"王"字是指"仁政""王道"原则的实现。实际的诸侯王(包括齐宣王)之所以不能实现这个理想,就在于"不用恩焉",

---

① 《梁惠王上》4章。

即不能将仁爱用之于百姓。如果能用,则统一天下易如反掌。"老吾老以及人之老,幼吾幼以及人之幼,天下可运于掌。……故推恩足以保四海,不推恩无以保妻子。古之人所以大过人者,无他焉,善推其所为而已矣。"①尊敬我自己的长辈,推广到尊敬别人的长辈;爱护我自己的幼小,推广到爱护别人的幼小。以此推之,一切政治措施都能从这一原则出发,统一天下就在掌握之中。"古之人"就是孟子所理想的圣人,实则是借古以喻今。圣人之所以"大过人者",并没有什么特别之处,只是善于"推恩"而已。

按照孟子所说,人人都有仁心。从这一前提出发,对于一般人而言,能不能行之于他人,是人格修养的问题,是"君子"与"小人"的区别问题。但是,对于国君而言,能不能行之于百姓,则是关系到每个人的利益的政治问题,是"君主"与"臣民"之间的关系问题。这种关系正是政治结构中的主要关系。作为国君,有责任有义务实行"爱民"政治,这正是对国君有无"合法性"的检验标准。统一天下,是各诸侯王的愿望,也是历史发展的趋势,孟子是支持的。但是,这并不是孟子的根本目的或唯一目的。在孟子看来,统一天下只是实行仁政的结果,或者反过来说,也可以成为实现仁政的一个重要条件。孟子的根本目的是,使社会有一个和谐文明的秩序,使人民过上安定幸福的生活。而要做到这一点,没有"爱民""为民"这一政治理念及其措施,是不可能的。为君者,如果能有这种理念并诉之于

---

① 以上皆见《梁惠王上》7章。

实践，他便有资格成为人君，也有资格统一天下，而且能够统一天下；否则，便没有资格，没有真正的"合法性"。

二、"王道"理想

孟子的"爱民"主张在现实中是很难实现的。但是，他提出了一个重要的问题：政权是为谁而存在的？国家是人民的，还是君主私人的？君主是为人民办事的，还是人民为君主服务的？这不仅是一个理论的问题，而且要在实践中得到验证。孟子虽然没有提出明确的答案，但是，从他的论述来看，他是主张君主为民的，而不是人民为君主的。同时，他的仁政学说，以"爱民"为核心，这本身就是目的，而不是以仁为手段，达到另外的目的。"仁政"实现了，"王道"也就实现了。所谓"王道"政治，有两个重要内容。一个是实行"仁政"，使人民过上好的生活；一个是实现统一，使天下安定和平而无战争。这就是孟子的理想。

舜是孟子所理想的圣王，舜之所以为舜，就在于："舜明于庶物，察于人伦，由仁义行，而非行仁义也。"①"明于庶物"就是对于事物有深刻的认识，"察于人伦"就是对于民情有深切的体察，"由仁义行而非行仁义"则是以仁义为治国治天下的根本"道路"而自觉地去行

---

① 《离娄下》19章。

走,而不是以仁义作为工具,去达到某种目的。仁义的对象是人民,对人民实行仁义就是目的,再没有其他目的。这正是"王道"与"霸道"的根本区别。他又说:"尧舜,性之也;汤武,身之也;五霸,假之也。久假而不归,恶知其非有也。"[1]所谓"性之",就是出于内在本性,自然而然地实行仁义;所谓"身之",就是有亲身体验,故能身体力行,推行仁义;所谓"假之",则是借用仁义,作为手段,谋取利益,但是借久了而不归还,就可能变成自己的了。这里首先区别王道与霸道,即以仁义为目的还是用作手段;其次是指出,即使是用作手段,只要始终用下去,也能变成目的,也就是由霸而为王。

这也是对为君者提出的一个政治标准。从积极的方面说,是使统治者有所遵循;从消极的方面说,是为了限制统治者无限膨胀的权力和贪欲。这种限制虽然只有理论上的意义,而且是软弱的,在当时"以力服人"、以欲为求的现实政治中是行不通的;但是,他的意义却决不能忽视。在人治的社会里,只能靠"诤谏",其作用是很有限的;但在法治的社会里,如果将其具体化而以法律的形式固定下来,贯彻于政治操作的过程之中,必将产生巨大的作用。

与此相关的是,孟子提出了另一种主张,这就是"易位"和"讨伐"。前者是改变某一位君主,后者是改变一个朝代。

关于君臣关系,孟子提出了互相对待的原则,虽然不是现代意义上的平等关系,却包含着平等精神。这种关系虽然不是政治地位

---

[1] 《尽心上》30章。

的平等,却代表了一种政治原则,谁代表这种原则,谁就是正确的。这同"朕即国家"这样的极权主义是不同的。孟子说:"君之视臣如手足,则臣之视君如腹心;君之视臣如犬马,则臣视君如国人;君之视臣如土芥,则臣视君如寇仇。"① 手足与腹心,位置不同,职能不同,但都是身体中不可缺少的部分,所谓"亲如手足",就说明其亲近关系;犬马则仅仅是被当作工具对待的,君对臣如果当作犬马一样使用,那么,臣对君就如同不认识的人一样,不可能有更进一层的关系;如果君对臣像对待土块小草一样任意践踏,那么,臣对君就如同仇敌。这种关系完全是对应的,其中隐含着的意思是人格平等。君能够尊重臣的人格,臣就会加倍地尊重君,将仁义原则贯彻到底;否则,将不可能有君臣之"义"。

但是,最重要的是,臣之"事"君,是为了"行道",而不是为了君主个人。这才是"王道"中君臣关系的基本原则。如果关系到国家命运的大事,君臣中的仁义原则受到了破坏,就又当别论了。孟子认为,公卿大臣有两种出身。一种是"贵戚之卿",即同姓之卿;一种是"异姓之卿"。在当时的宗族制度下,同姓之卿有更大的权力,但是在决定国家大事的问题上,二者有同样的职责,即都有进谏的职责。其区别在于:异姓之卿,"君有过则谏,反复之而不听,则去",即离职不干;同姓之卿,"君有大过则谏,反复之而不听,则易位"②,即

---

① 《离娄下》3章。
② 《万章下》9章。

将其废除,改立别人。改立之人,虽然还是同姓,但必须是少犯错误或犯了错误而能纳谏之人。从这个意义上说,进谏的大臣负有重大责任,决定国家的命运。其原则,前面已经说过了。

关于"讨伐"之说,是指对于无道而屠杀人民的"暴君",可以用武力将其推翻。历史上的夏桀王和商纣王,是有名的暴君,结果被商汤和周武王所灭,实现了"改朝换代"。对于此事,孟子给予了肯定,并由此论证说在特殊情况下,实行自下而上的"讨伐"是合理的。这在当时,是一种"石破天惊"之说。因为按照当时的制度,臣是不能杀君的,在下者是不能犯上的。正因为如此,齐宣王问孟子:"臣弑其君,可乎?"这个"弑"字本身就是贬义的,是从"春秋笔法"而来的。宣王的意思是,以下犯上,以臣杀君,难道是允许的吗?孟子毫不犹豫地回答说:"贼仁者谓之'贼',贼义者谓之'残',残贼之人谓之'一夫'。闻诛一夫纣矣,未闻弑君也。"①在这里孟子运用了孔子的"正名"学说将其发展为一种革命之说。这虽是讲现实中的君臣关系,却是以君之是否符合君道、臣之是否符合臣道为标准,衡量君臣关系的。行仁义者便是名正言顺的君,不行或破坏仁义者虽然身居君位,却是一个残贼之人,一个独夫,已经丧失了为君的资格。孟子用"诛"这个褒义词说明对独夫实行讨伐的合理性,其用意是非常明显的,"诛一夫纣"和"弑君"是两回事。孟子并不是无条件地提倡"革命理论",而是将"讨伐"暴君看作是在非常情况下解救人民疾苦

---

① 《梁惠王下》8章。

的不得已的办法。

孔子是主张"禅让"的,传说中的尧、舜,让位于舜、禹,这被看成是政权转移的最理想的形式。孔子是提倡用和平方式实行改革的思想家。其实,孟子也是主张"禅让"的,他之所以"言必称尧舜"①,其中就包含着这层意思。但是,在"暴君污吏"横行而仁义遭到严重破坏的情况下,他认为"征诛"是允许的,也是可行的。在孟子看来,只要是兴仁义之师,人民就会"箪食糊浆"而迎之,所到之处,就会"所向披靡",这就是"仁者无敌"。因此,他认为,武王伐纣而"血流漂杵"的说法是不真实的。他相信,武王兴师,是"以至仁伐至不仁",顺应民心,纣王之兵一定会"倒戈",决不至于出现血流成河,以至"漂杵"的场面。② 从这里也能看出孟子思想的理想主义的成分。

"由仁义行"就是理想的"王道"政治。这说明"王道"是以仁义为其根本内容的。"有道"与"无道"的区别,就在于是否实行仁义。唐朝的韩愈在《原道》中说:"道德为虚位,仁义为定名。"将仁义规定为道德的实质内容,这是完全符合孟子思想的。前面谈过"仁"的内容,这里再谈谈"义"的问题。"义"主要是指正义。"杀一无罪非仁也,非其有而取之非义也。"③孟子和孔子一样,反对取"不义之财"。孟子有"王霸""义利"之辩,其中的"义"就是正义原则。有人说,孟子反对"利",其实,孟子并不反对利,但是,利不能成为唯一原则,一

---

① 《滕文公上》1章。
② 《尽心下》3章。
③ 《尽心上》33章。

定要和义结合起来,由义来指导。这才是孟子和儒家的义利观。用孟子的话说,就是先义而后利,不是先利而后义。① 这个"先"字是优先之义。义和利并不总是矛盾的,应当求得二者的统一,但是,当二者发生冲突时,就要"舍利"而"取义"。在这里,义是第一原则。这就是孟子的正义观。

孟子说过:"春秋无义战。"②孟子认为,战争有正义与非正义之分,春秋时期的战争是诸侯之间相互争夺利益而不讲正义的战争。春秋如此,战国则更加糟糕。"五霸者,三王之罪人也;今之诸侯,五霸之罪人也。"③按照孟子的思想,五霸(说法不同,一般指齐桓公、晋文公、秦穆公、宋襄公、楚庄王)是三王之罪人,这一点好理解;战国之诸侯,何以是五霸之罪人呢?这里又有一些区别。五霸之中,最强盛者莫过于齐桓公,但齐桓公有"葵丘之会",即在葵丘这个地方(今河南考城县)大会诸侯,订立盟约,以和平的方式解决了争端。盟约中规定了五条公约,其中有"诛不孝"即责罚不孝敬父母之人、"尊贤育才""敬老慈幼""士无世官"即不要世袭以及"无曲防""无遏籴"即不要筑堤防以禁止互相通商购粮等等内容,体现了某些仁道精神。最后说道:"凡我同盟之人,既盟之后,言归于好。"④这就制止了战争的发生。其实,齐桓公不止一次盟会诸侯,孔子说过,"桓公

---

① 见《梁惠王上》1章。
② 《尽心下》1章。
③ 《告子下》7章。
④ 同上。

九合诸侯,不以兵革",并且给予了高度评价。孟子也是在这个意义上予以肯定。但是,"今之诸侯皆犯此五禁",而今之大夫,又"逢君之恶",即逢迎而为之出谋划策,因此,今天的诸侯是五霸之罪人,而今天的大夫,又是诸侯之罪人。①

但是,用王道政治的理想标准来衡量,齐桓公这样的诸侯他也是不屑一顾的。"仲尼之徒无道桓、文之事者。"②连孔子的学生都不谈论齐桓公、晋文公的事迹,孟子就更不谈了。孟子要讲的,则是"王道",即实现以"仁义"为核心价值,以天下统一为主要标志,以社会安定、人民安乐为根本目的的理想社会。他之所以"周游列国",其目的就是以"王道"理想说服诸侯,希望能有一个诸侯站出来,推行他的主张;结果,他的愿望落空了。但是,这并不能改变他的主张,他坚信,他的理想是符合人民意愿的,也是一定会实现的。

三、"贤人"政治

孟子生活在君主制的时代。一方面,诸侯争霸,天下(即周王朝所能管辖的所有土地,或者叫"四海之内")已没有"共主";另一方面,每个诸侯国都有一个君主,下面的卿大夫管理国家的事务。各国的设置不尽相同,但是,这种格局是基本相同的。

---

① 《告子下》7章。
② 《梁惠王上》7章。

孟子作为儒家的代表人物,是接受这种政体的。但是,孟子提倡一种"贤人政治",亦即后世所谓"精英政治",这就是"尊贤使能,俊杰在位"①,使贤能之士掌管政权。君主不仅要依靠"贤臣"治理国家,而且要给予他们独立的权力,使他们能够行使其职责,而不能一切由君主决定。从一定意义上说,这种主张有"虚君"的意味,也含有分权的意思,与君主一人独揽大权、发号施令的集权制是不同的。孟子说:

> 为巨室,则必使工师求大木。工师得大木,则王喜,以为能胜其任也。匠人斲而小之,则王怒,以为不胜其任矣。夫人幼而学之,壮而欲行之,王曰,"姑舍汝所学而从我",则何如?今有璞玉于此,虽万镒,必使玉人雕琢之。至于治国家,则曰,"姑舍汝所学而从我",则何以异于教玉人雕琢玉哉?②

孟子善于用比喻的方法论证他的学说,治国就好比盖房子,必然派工师,按照一定的"规矩",求得合适的大木材,如果得到了合适的大木材,国君一定很高兴,认为工师能胜任其责。如果木工将木材砍小了,国君一定会发怒,认为他不能胜任自己的工作。有人从幼小学习,长大后就要运用所学的知识,可是国君却对他说,把你所学的知识放弃了,按照我的办法去办。这能行吗?比如现在有一块价值连城的玉石,必然请玉师雕琢,才能成器。治理国家也是一样。如

---

① 《公孙丑上》5章。
② 《梁惠王下》9章。

果国君对治理国家的人说,放弃你所学的专长,按照我的意志去办,这同教玉师按照君主自己的意志去雕琢玉石有何两样?这里透露出来的意思是,国君不仅要选拔和任用各种有专业知识的贤能之人,以各尽其才,完成治理国家的各种职责,而且要尊重人才,尊重知识,使他们能够独立行使权力,而不可任意干预,把自己的意志强加于他们。

举一个例子。孟子十分重视孝,认为孝是仁的最基本的内容。他所理想的圣人舜,就是一个大孝子。《孟子》中关于这方面的论述很多。但是,舜的父亲极不仁慈。因此,有人问孟子,如果舜为天子,皋陶为士即大法官,舜父杀了人,舜怎么办?孟子说:"执之而已矣。"即逮捕他就是了。又问:"然则,舜不禁与?"即舜难道不禁止皋陶逮捕他的父亲吗?孟子说:"夫舜恶得而禁之?夫有所受之也。"意思是,舜哪里有权利去禁止皋陶?皋陶这样做是有根据的,这是法律授予他的权力和职责。所以,要解救他的父亲,舜不能以天子的权力禁止皋陶行使他的职责。那怎么办呢?唯一的办法就是,放弃最高权力,不作天子,"窃负而逃",偷偷地背着父亲,逃到海边,享受天伦之乐。[①] 有人据此认为,孟子的这种说法,是为腐败提供理论依据。这是大错而特错。孟子明明说,天子无权禁止法官按照法律去逮捕他的父亲,这同他主张国君无权将自己的愿望和意志强加于政治家头上是完全一致的,怎么能说是制造腐败呢?在这个假设的

---

① 见《尽心上》35 章。

事例中，舜为了救他的父亲，只能以不做天子为代价，这完全是个人选择的问题，不是以权谋私的问题。在这里，确实表现出情与法的冲突，但孟子决不是以法徇情，而是以情"逃"法。这是一个极端的特例，当亲情与法律发生冲突时，这是所能采取的一种可能的选择，但这决不是什么"情大于法"。如果是"情大于法"，舜就会利用天子的权力禁止皋陶执行任务，而不至于放弃天子之位，跑到海边当一名老百姓了。如果舜不放弃天子地位，就无法回避其父被逮捕这一事实，就无权去禁止皋陶，更不能对皋陶实行报复。至于说，舜应不应当放弃天子之位，也就是放弃治理天下的责任而只顾全亲情，这倒是一个真实的问题。对于这个问题的回答，只能说是个人选择的自由。舜之所以这样做，也是出于既不破坏法律，也能顾全亲情这一考虑。

其实，孟子很重视法规。他主张治理国家，要有一套法规制度，即"规矩"。但这些"规矩"所遵循的根本原则，则是"仁政"。他说：

> 离娄之明，公输子之巧，不以规矩，不能成方员；师旷之聪，不以六律，不能正五音；尧舜之道，不以仁政，不能平治天下……故曰，徒善不足以为政，徒法不能以自行……圣人既竭目力焉，继之以规矩准绳，以为方员平直，不可胜用也；既竭耳力焉，继之以六律正五音，不可胜用也；既竭心思焉，继之以不忍人之政，而仁覆天下矣……是以唯仁者宜在高位。不仁而在

高位,是播其恶于众也。①

"不以规矩,不能成方员",是孟子政治学说的一个重要观点。意思是,管理国家要有可遵循的客观原则,不能凭主观愿望办事。各种事情都有相应的"规矩",即原则,而治理天下的根本原则是仁政。仁政原则是统领各种具体原则的总纲领,就如同心思与耳、目的关系一样。而要贯彻仁政以及各种政治原则,只有专家才能胜任。孟子将"仁"客观化为一种治理天下国家的普遍原则,其中有许多具体条目规则,称之为"法",即法理、法则。但是,这些法则是要靠人去执行的,执法的人除了有专业知识之外,还必须具有善良意志。主观的善良意志和客观法则结合起来,就能实现理想政治。这也就是"徒善不足以为政,徒法不足以自行"的真正涵义。有善良愿望只是"为政"的重要条件,但还不足以"为政",必待"法"而为之;"法"是为政的客观依据,但它并不能自行实现,必待人而行之。只有将二者结合起来,才能使政治运行起来。至于"唯仁者宜在高位"的仁者,就是圣王。按照冯友兰先生的解释,这与柏拉图的"理想国"很相似,即只有哲学家才能成为王,这就是"哲学王"。这也是"内圣外王"之学。② 将孟子与柏拉图进行比较,是很有意思的,说明中西哲学与文化之间,有共性的东西。但是在"内圣"方面,孟子和柏拉图

---

① 《离娄上》1章。
② 见《中国哲学史新编》第79章,《三松堂全集》第2版第10卷,郑州:河南人民出版社2000年版,第640页。

的具体理念有所不同,而"外王"方面,柏拉图有一套具体方案,孟子则有所欠缺。

治理国家是一套综合性的工程,需要各方面的人才,但贤才最重要。孟子说:"不信仁贤,则国空虚;无礼义,则上下乱;无政事,则财用不足。"①对于仁贤之人,要充分信任,否则,国家就空虚而无人才了,因为贤者都不来了;礼义则是维持社会秩序的重要条件,如果缺了,上下关系就会出现混乱;所谓"政事",则是经济财政方面的事,对于治国,也很重要,如果缺了或处理不当,就会财用不足。所有这些,都需要贤人去担当,而当他们各尽其责的时候,就不能受到干扰。从这里可以看出,孟子所主张的,虽然是"人治",而不是"法治";但是,在尊重人才、尊重知识这一点上,是有重要意义的。这同法家将人视为工具而使用的主张是不同的。

既然孟子主张"尊贤使能",那么,怎样选拔贤才,就成为一个重要问题。对此,孟子提出了一套办法。

这里首先涉及最高统治者天子如何产生的问题。对孟子和所有儒家而言,这是一个难以回答的问题,他不能不从形式上接受"君权天授"之说,但是又作出了根本性的修改。最能说明这一点的,是人们通常最喜欢引用的如下一段话:

万章曰:"尧以天下与舜,有诸?"

---

① 《尽心下》12章。

孟子曰:"否;天子不能以天下与人。"

"然则,舜有天下也,孰与之?"

曰:"天与之。"

"天与之者,谆谆然命之乎?"

曰:"否;天不言,以行与事示之而已矣。"

曰:"以行与事示之者,如之何?"

曰:"天子能荐人于天,不能使天与之天下;诸侯能荐人于天子,不能使天子与之诸侯;大夫能荐人于诸侯,不能使诸侯与之大夫。昔者,尧荐舜于天,而天受之;暴之于民,而民受之。故曰:天不言,以行与事示之而已矣。"

曰:"敢问荐之于天,而天受之;暴之于民,而民受之,如何?"

曰:"使之主祭,而百神享之,是天受(授)之;使之主事,而事治,百姓安之,是民受之也……《太誓》曰:'天视自我民视,天听自我民听。'此之谓也。"①

孟子是主张"禅让"的,但这并不意味着天子可以私自将天下让于另一个人。他是不是一位适合接受天子之位的圣人,只有天接受了才算数。但是,天又不能"谆谆然命之",即像人一样颁布命令,这里隐含着对人格神的否定。关键在于,天之所以授予天子之位,是通过

---

① 《万章上》5章。

他的行为与事迹表示出来的。"主祭"而"神享之",这只是形式上的,实质在于"主事"而事情得到很好的治理,能使"百姓安之"。这同孔子的"修己而安百姓"实质上是一样的。这就是说,"天受之"实际上是"民受之",只有人民接受了,授予他以天子之位,就是代表天的意志了。因此,他引用《尚书·太誓》中的话说:"天之所视,是由人民之所视决定的;天之所听,是由人民之所听决定的。"就是讲这个道理的。

事实上,孟子主张举荐制,但最后决定权并不是举荐人,也不是天子或诸侯,而是另有所指。照上文所引,天子能荐人于天,但不能强迫天将天下授予所荐之人;诸侯能荐人于天子,但不能强迫天子将国家授予所荐之人;大夫能荐人于诸侯,但不能强迫诸侯将大夫的职位授予所荐之人。但是,天子、诸侯也不能私自将诸侯、大夫授予人。怎么办呢?要听取各方面的意见,最后要以人民的意见为准,而且还要进行实际考察,证明他确实贤能之后,才能授以政事或权力。"左右皆曰贤,未可也;诸大夫皆曰贤,未可也;国人皆曰贤,然后察之;见贤焉,然后用之。"①"左右"是国君身边最亲近之人,"诸大夫"是在朝廷掌权之人,他们的意见不能作为最后依据,必须得到"国人"即人民的肯定之后再去考察;考察之后,才能证明其贤能与否,贤者用之,而不贤者去之。

因此,这是一件很严肃、很慎重的事,决不可草率从事。为了选

---

① 《梁惠王下》7章。

拔出真正的贤能之士，就不能受尊卑、贵贱的等级限制，而要"唯贤是举"。"国君进贤，如不得已，将使卑逾尊，疏逾戚，可不慎与？"①为了进贤而使卑贱者居于尊贵者之上，使疏远者居于亲近者之上，这是对自古流传下来的等级制度的一次挑战和改革。孟子说过："所谓故国者，非谓有乔木之谓也，有世臣之谓也。"②"故国"是指有深厚的历史文化传统的国家。"故国"不是因为它有成百上千年的高大树木，而是因为它有世世代代建功立业的老臣。但是时代变了，要使"故国"仍然有活力，就要"进贤"；为了"进贤"，就难免使"卑逾尊，疏逾戚"。

孟子并没有从制度层面提出如何实现其"进贤"的一套程序化的可操作的具体方案，因而仍然是空洞的；但是，他的这些设想体现出的人文思想却是非常可贵的。

四、"民贵君轻"理念

孟子有著名的"民贵君轻"之说，这不仅是他的政治思想的重要组成部分，而且是他的一个最基本的政治理念。孟子说：

> 民为贵，社稷次之，君为轻。是故得乎丘民而为天子，得乎天子为诸侯，得乎诸侯为大夫。诸侯危社稷，则变置。牺牲既

---

① 《梁惠王下》7章。
② 同上。

成,粢盛既洁,祭祀以时,然而旱干水溢,则变置社稷。①

这里所说的"民"是指人民;"社"是土神,"稷"是谷神,在农业社会,土地和谷类是最基本的生活资料和来源,因而代表国家;"君"则是指君主,在君主制的社会里,君是国家的最高统治者。孟子将三者排列起来,进行比较,是有深刻用意的。"得乎丘民为天子",与前面已经说过的"民与之"而为天子的意思是完全一致的,即只有得到广大民众的支持和拥护,才有资格成为天子。在这个前提之下,诸侯只有得到天子的同意才能成为诸侯,大夫只能得到诸侯的同意才能成为大夫。关于这个统治系列,孟子是按照周朝前期的政治结构而言,战国时期,天子已经名存实亡,没有任何权威,因此,他认为无论哪个诸侯,只要实行仁政、王道,就有资格成为天子,因为他一定会得到人民的支持。这里,最重要的是诸侯。如果诸侯治理不好,危害了国家,就要"变置",即将其废除而改立别人。至于"变置社稷",是指改立土神与谷神的牌位,而不是改变整个国家,国家土地是不能改变的。从这里也可以看出,天子虽然是代表天下的,但他并不等于天下;诸侯是代表国家的,但他并不就是国家,当他危害国家而不是代表国家时,就要改立,使能代表国家的人为诸侯。

最重要的是,如何理解"民为贵""君为轻"这句话所表达的涵义。对于孟子的这个说法,人们有不同的理解。有人认为,这是一

---

① 《尽心下》14章。

种人本主义或民本主义思想,以人民为立国之"本"。但是,对何为"本"又有不同理解。一种理解认为,人民是组成国家的基础,因而是最重要的力量,如果没有人民和人民的支持,君主的统治就不存在了,或者不巩固了。这就如同荀子所说,君好比舟,人民好比水,"水则载舟,水则覆舟"①,君主的统治完全靠人民的力量,人民可以使君主统治,也可以将其颠覆。在这个意义上所说的民为"贵"、君为"轻",是指基础力量而言。按照这种理解,君与民的关系,是统治与被统治的关系,人民的力量虽然很重要,但人民并不是政治主体,不能参与和决定政治上的决策。决定国家大事的,仍然是君主。只是考虑到人民的力量能决定政权的安危成败,所以要"爱民"。

另一种理解则将孟子的这一说法同近现代西方的民主政治进行比较,认为有民主思想或民主思想成分。这就不只是从国家的力量组成及其政治统治的巩固与否的意义上说,而是"以民为主",即人民就是政治主体,可以决定国家大事。现代"民主"完全是一个政治概念,其根本内容就是"多数决定",它是与"法治"联系在一起的。只有在"法治"的架构内,才能形成"多数决定"的民主政体。古希腊有过民主制,但是比较完整意义上的民主,是西方近现代的宪政民主,是在立法和行政分权的过程中形成的。正如有些人所说,民主并不是最好的政治制度,但它不是最坏的,它是最可行的政治制度。孟子生活的时代,并没有民主制,而在孟子的思想中,也没有近现代

---

① 《荀子·王制篇》,《荀子集解》,北京:中华书局1988年版,第97页。

的民主观念,这是毫无疑问的。但是,其中有没有民主思想的某些因素呢?这是值得进一步研究的。

孟子是在现实的君主制的框架之内思考问题的,他的思想并没有突破这个框架。但是,如前所说,他并不同意君主集权制,而是提倡有某种分权意义的"贤人政治"。在君主与人民的关系的问题上,他主张君主的产生,要有人民的同意,而当君主危害国家时,可将其废除。他虽然没有提出怎样实现这一主张的形式化、程序化的政治措施,而只是停留在"民意"的层面,但是,其中包含着由人民的意愿决定政权的深刻思想。而他的仁政主张,虽然缺乏客观"法理"上的具体措施,但是,其深刻的价值意义是以人民为目的,而不是将人民视为被统治的工具或手段。按照这个思路发展下去,君主只是为人民办事的一个职位,而不是人民的统治者。孟子虽然也说过,君主者"为民父母"一类的话,但是如果从他的人性论出发,作为一种情感联系,而不是外在的等级伦理关系来理解,可能更合理一些。

民主与平等有直接关系。没有政治上的平等,民主政治是不可能的。孟子没有、也不可能完全否定等级制,君主制本身就是有等级的,君臣之间、君民之间,其实际地位是不平等的。但是,在孟子看来,这只是职位、分工的不同,在人格上则是完全平等的。"圣人与我同类者"①,我们都是人,都有人的尊严。对于那些以权势富贵欺压人的人,孟子是鄙视的。或许可以说,孟子的平等观是道德上

---

① 《告子上》7章。

的,不是政治上的,但是,二者并不是毫无关系。孟子的理想是建设一个政治伦理型的社会,这就必须尊重人的人格。不仅在君臣之间,而且在君民之间同样如此。即使在一个法治的社会里,首先也要以尊重人的人格尊严为基本的价值指导。人格也是人权中不可分割的一部分。当然,孟子并没有提出"天赋人权""自然权利"等等概念,而他所强调的人格尊严,主要是在"义务"方面,以尽到人的道德义务为其尊严的主要标志。但是,"权利"和"义务"并不是完全对立的,它们可说是同一件事的两个方面。不尽义务而只求享受权利,说不上什么尊严;只尽义务而不求享受权利,当然也是片面的。权利之中包含着义务,义务之中包含着权利,应当将二者统一起来。

总之,孟子所说的"君轻民贵",主要是从价值上说的,"轻"与"贵"都是价值词汇,说明在价值上人民高于君主。人民的价值就在于它(复数,代表全体人民)自身就是目的,而不是工具,君主则是为人民办事的。君主是为人民存在的,而不是人民为君主存在的。正因为如此,人民有权选拔或罢黜君主,而不是相反。人民虽不是严格意义上的政治主体,即不能直接参与政治或选出自己的代表决定国家大事,人民是授权于君主,由君主任用贤人来管理国家事务;但人民却是真正的社会主体,政治是为社会服务的。"天下"的一个意义就是指社会,天子也是为天下人办事的。后来有"天下者,天下人之天下,非一人之天下"的说法,就是以人民为社会主体。这是从孟子思想发展而来的。

孟子很重视民心、民意。民意就是"天意",代表最高原则。人

民的意志不仅是政治的指归,而且决定了政治的成败。他在总结历史经验时说:

> 桀纣之失天下也,失其民也;失其民者,失其心也。得天下有道:得其民,斯得天下矣;得其民有道:得其心,斯得民矣;得其心有道:所欲与之聚之,所恶勿施,尔也。民之归仁也,犹水之就下、兽之走圹也。①

桀纣之所以丧失天下,是由于失去了人民,而失去人民的实质,是失去了民心。由此可以得出一个结论:要得到天下,有一个根本原则,就是必须得到人民的支持,而要得到人民的支持,就必须得到民心。怎样才能得到民心呢?就是人民所欲求的,努力为他们聚集;人民所憎恶的,决不能强加在他们头上。这就是仁政。谁实行仁政,人民就会像流水一样归向他。这样看来,所谓"民心",就是人民的"欲""恶"之心,其中包括物质利益方面的内容。所谓"仁政",就是按人民的所"欲"所"恶"而行事。在孟子看来,人民有同心,其所"欲"所"恶"有共同性、普遍性,正是这些共同性普遍性的"民心",决定了政治的成败。

孟子还谈到天时、地利与人和的关系问题,他说:

> 天时不如地利,地利不如人和。三里之城,七里之郭,环而攻之而不胜。夫环而攻之,必有得天时者矣;然而不胜者,是天

---

① 《离娄上》9章。

时不如地利也。城非不高也,池非不深也,兵革非不坚利也,米粟非不多也;委而去之,是地利不如人和也。故曰:域民不以封疆之界,固国不以山豁之险,威天下不以兵革之利。得道者多助,失道者寡助。寡助之至,亲戚畔之;多助之至,天下顺之。以天下之所顺,攻亲戚之所畔;故君子有不战,战必胜矣。①

这是通过战争说明天时、地利、人和三者的关系,而战争就是政治的组成部分或特殊形式。"天时"是指自然界的四时变化,"地利"是指地理形势以及由土地所提供的各种资源,"人和"则是指人民的和谐、团结及其向心力、凝聚力。军事行动,总有天时有利的时候,但是不如地利;地利方面,可以有很大优势,但是不如人和,即人民的团结一致和向心力。人民的向心力,不是靠国界的牢固所能形成的;国家的强固,不是靠山川之险所能解决的;威行天下也不是靠兵器的锐利所能实现的。关键在于能不能得"道"。这个"道",就是由民心所体现的天道。"得道多助""失道寡助",这是古今中外政治军事实践中的一条真理。再强大的军事实力,如果违背了人民的意愿,就一定要失败;如果是民心所向,就无往而不胜。这里所说的"民心",不是暂时的、表面的或意识形态化的,而是出自人类本性的。这是孟子思想的深刻之处。孟子深信,人类有共同的本性,有共同的好恶。

---

① 《公孙丑下》1章。

第三讲

社会经济思想

一、"井田制"方案

二、"薄税敛"以富民

三、"恒产"与"恒心"

四、"劳心"与"劳力"

一、"井田制"方案

孟子说:"夫仁政,必自经界始。"①意思是,要实行仁政,必须从划分土地界限开始。"经界"是指土地之间的界限,也许是道路,也许是沟渠,总之是以此为界,将土地分成不同的方块。但这不是一般的界限,这是孟子为仁政所建立的经济基础,或者说是作为仁政学说重要组成部分的经济方案——"井田制"。

在农业社会,经济资源主要是土地,孟子的"井田制"方案,就是从土地上解决人民的生活来源问题。因此,它在孟子的学说中占有极其重要的地位。

据说,古代有过井田制,但详细情况已经不清楚了。孔子对三

---

① 《滕文公上》3章。

代之礼,特别是周礼,有全面的研究,但他并未提到过井田制。有人(郭沫若)考证说,周初有井田制,井田制是奴隶制社会最基本的土地制度。据此,有人认为,孟子提倡井田制,就是恢复奴隶制,是历史的"大倒退"。

但是,根据孟子对"井田制"的描述,与大量奴隶在井田上劳动的情形大不相同,甚至毫不相干。那么,孟子所提倡的"井田制",只能有一个解释,那就是他自己设想出来的乌托邦。

在孟子时代,个体农民已经大量存在,私有制已经普遍出现,孟子的"井田制"方案,就是在这种情况下提出来的。其主要目的是,改变土地所有制,防止土地"垄断"①,使人民有大致相同的土地所有权,以发展经济,解决人民的生活问题,以及国家的税收问题。其主要内容是:

> 方里而井,井九百亩,其中为公田。八家皆私百亩,同养公田;公事毕,然后敢治私事,所以别野人也。②

将一平方里的土地,按"井"字划分成九块,每块约一百亩。中间一块属于公田,周围八块属于私田,每块一家,共有八家。这里所说的"公田",是属于诸侯国,还是属于卿大夫,孟子没有说。但是,根据他的有关论述来看,似乎属于诸侯国。至于"私田",毫无疑问属于

---

① "垄断"一词出于《孟子》,原文是"而独于富贵之中有私龙断焉"。见《公孙丑下》10章。"龙断"即"垄断","龙"同"垄"字。
② 《滕文公上》3章。

农民,而不是卿大夫之"家"。八家农民合力耕种公田,公田的任务完成后,再各自耕种自家的私田。公田所收,归于公家;私田所收,则归农民自家所有。

按照孟子的设想,"井田制"可以将农民固定在土地上,"死徙无出乡",祖祖辈辈在这里生活下去。"乡田同井,出入相友,守望相助,疾病相扶持,则百姓亲睦。"①同乡的人都靠井田联系在一起,用不着到外乡去谋生活。而同井田之人,出入相望,互相帮助,有了疾病,相互照顾,形成一个和谐亲睦的社区,岂不美哉!这是一幅理想的生活图景,人民在这里过着安居乐业的生活,同老子所描述的"鸡犬之声相闻,民至老死不相往来"②的那种完全以家庭为单位的封闭式的生活图景又不完全相同,但是,二者都以人民占有私有土地为其生活的基本来源,这一点则是相同的。

在当时的封建社会(非后来所说的"封建"而是指"封疆建侯"的社会)里,社会结构中有所谓"君子"与"野人"之分。孟子所说的"所以别野人也"就是以私田为"野人"所有,并以此区别于"君子"。这里所说的"野人",是指田野之人,不是现代所谓"野人";这里所说的"君子",是指卿大夫这样的官吏,即管理国家事务的人,不是指道德人格上与"小人"相对的"君子"。孟子说:"无君子,莫治野人;无野人,莫养君子。"③"君子"是治理"野人"的,"野人"是养活"君子"的,

---

① 《滕文公上》3 章。
② 《老子》80 章。
③ 《滕文公上》3 章。

这是一种社会分工。这里所说的"治",是治理,管理,不是以"权力"为核心的统治。既然"野人"即农民有"私田",那么"君子"即卿大夫一类的管理者怎么办呢?孟子提出,也应当分给他们田地,但这种田地是在他们的俸禄之外的"圭田"。"卿以下必有圭田,圭田五十亩;余夫二十五亩。"①按照赵岐的解释,"圭田"是用作祭祀之田,卿以下的官吏在俸禄之外享有专供祭祀用的"圭田"50亩,而如果家里还有剩余的人,则每人25亩。这样一来,官吏和野人就区别开了。

孟子关于"井田制"的设想,并不是很具体,更不要说实行起来有多么困难。比如人口与土地的比例问题,有些地方可能人多地少,而有些地方可能人少地多;又比如同一个地方,地形不同,土地肥沃贫瘠程度不同,如何量度?尤其是人口的变化,直接影响到土地的分配,当人口增加时,又如何处理?等等,不一而足。关于这类问题,孟子自己也承认,他只是说一个"大略",具体如何实行,则要为政者去"润泽",进一步完善。

重要的是,孟子提出了一个解决土地问题的指导性方案,其基本精神是:第一,实行土地私有制。除一部分"公田"之外,大部分土地归于农民,成为"私田"。这是解决经济发展和提高人民生活的根本途径,也是实行"仁政"的根本保证。农民成为土地的主人,其积极性就自然提高了,不用统治者过多地管理。当然,农民有了土地

---

① 《滕文公上》3章。

之后,并不是置国家利益于不顾,而是要承担一定的义务,即"同养公田"。八家同养百亩之公田,就相当于九取其一的赋税制。不过这是"助",即劳役制,而不是实物或货币制。因此他说:"请野九一而助,国中什一使自赋。"①有井田的农村地区实行九取其一的"助"法,即劳役制;没有井田的城市则实行十取一的税法,即实物制或货币制。总之,土地私有制是孟子"井田制"的实质所在。如果说,周初真有所谓井田制,那么,它是一种奴隶主所有制,其代表就是周王,即《诗经》所说,"溥天之下,莫非王土;率土之滨,莫非王臣"②。而孟子的"井田制",则是对土地所有制的一种根本改变,孟子"井田制"的历史意义即在于此。古人常说,"民以食为天",在漫长的农业社会里,中国的土地所有制始终是一个纠缠不清的大问题,孟子主张土地私有权,无疑触及经济发展的根本问题。

第二,实行公平的土地分配制,"井田制"的土地分配,是以家为单位。这是父权制的家庭,不是卿大夫之所谓"家",对卿大夫不再封地,而是靠俸禄生活,"公田"所收,即供养朝廷和卿大夫。农民每家一百亩,在孟子看来,这是最公平的分配方法,各家都有共同的起点。但这似乎不是按人口分配的平均主义。农民有了基本的生活资源,并负担一定的赋税,既维持了一家人的生活,而卿大夫们也能够得到合理的俸禄。"君子"和"野人"各有所事。前者管理"井田

---

① 《滕文公上》3章。
② 《小雅·北山》。

制"和赋税,后者提供赋税,从而形成和谐稳定的社会秩序。这就是"夫仁政,必自经界始"的真正用意。"经界不正,井地不钧,谷禄不平,是故暴君污吏必慢其经界。经界既正,分田制禄可坐而定也。"①经界之正与不正,就在于百亩之地是否均平;如果不均,卿大夫的俸禄(以谷计算,故又称谷禄)也就不公。正因为如此,有些"暴君污吏"就会破坏土地界限,施其暴虐,以达到私人目的。

按照孟子的设想,除了百亩之田,还有五亩之宅,可以种桑树,养家畜。只要辛勤劳动,就能够过上安康的生活。经济上有了私人财产,生活上有了保障,人民的道德意识也就提高了。因此,"制民之产"②,即制定人民的产业,使其有足够的财产是最重要的。这是实行仁政的根本,一定要从根本做起("反其本")。

五亩之宅,树之以桑,五十者可以衣帛矣。鸡豚狗彘之畜,无失其时,七十者可以食肉矣。百亩之田,勿夺其时,数口之家可以无饥矣。谨庠序之教,申之以孝悌之义,颁白者不负戴于道路矣。七十者衣帛食肉,黎民不饥不寒,然而不王者,未之有也。③

孟子所设想的是一个数口之家,在这样的家里,百亩之田所收获的粮食够全家吃了。另外,在五亩的宅院里种上桑,养上蚕,五十岁的

---

① 《滕文公上》3章。
② 《梁惠王上》7章。
③ 同上。

老人就能穿上蚕丝织成的帛布衣了,再养一些家畜,七十岁的老人就能够吃上肉了。在物质生活有了保证之后,再兴建各类学校,进行孝悌教育,人们的道德素质就提高了,老年人行走在路上,也会有人照顾了。这种生活当然不能和现代社会相比,但是在古代,就已经很好了。为什么只有老人才能衣帛食肉呢?可能受当时生活水平的限制;但是有一点是清楚的,这就是从生活上体现出对老人的孝敬。"五十非帛不暖,七十非肉不饱,不暖不饱,谓之冻馁。"①这是从养老、敬老的角度说的,是一种情感态度,等于说,五十穿不上帛,被认为是不暖,七十吃不上肉,被认为是不饱,并不是说真的不暖不饱。除了父母老人,妻子儿女都要得到照顾。这就是孟子所说的,"仰足以事父母,俯足以畜妻子,乐岁终身饱,凶年免于死亡"②的平民生活。这是物质生活有保证而精神生活很充实的和谐社会的理想。

二、"薄税敛"以富民

在农业经济社会,生产的产量和品种是有限的,而税收的轻重,直接关系到人民的生活。孟子提倡"薄税敛",就是为了减轻人民的负担,更好地发展经济。

---

① 《尽心上》22章。
② 同上。

孟子和孔子一样,是主张"富民"的,即不仅解决温饱问题,而且要使人民过上富裕的生活。在战国时期,战争连年,人民负担沉重,而有些统治者靠加重赋税,过着荒淫奢侈的生活。在这种情况下,孟子提出"薄税敛"的主张,是有针对性的。从长远的眼光看,减轻人民的负担,是发展经济、提高人民生活水平的重要措施之一,也是仁政的重要内容之一。

> 易其田畴,薄其税敛,民可使富也。食之以时,用之以礼,财不可胜用也。民非水火不生活,昏暮扣人之门户求水火,无弗与者,至足矣。圣人治天下,使有菽粟如水火。菽粟如水火,而民焉有不仁者乎?①

"易其田畴"就是治理好井田,"易"者治也,"田畴"即井田。这主要是对治理者说的。"易其田畴"的反面就是"慢其经界",即破坏井田。孟子认为,管理好井田,使人民好好耕种,用"助"的方法,即八家共耕"公田"的办法解决税收问题,不另外增加税收,就是"薄其税敛"。这样,人民就可以富起来。同时还要节约消费,依礼而行,不可铺张,这样,财用就很充足了。要使人民的粮食如同水火一样取之不尽(现代社会,有些地区连水都喝不上了!),人民就会个个都有仁德。由此可见,孟子是反对高消费的,是以节约为美德的,是以节约为社会健康发展的重要尺度的。统治者如果按礼而行,减少税

---

① 《尽心上》23章。

收,节约开支,人民就会得到好处,就会以此为美。

农业生产也有科学技术的问题,更有农业生态的问题。关于后者,我们还要专门讨论。就农业技术而言,孟子特别重视"不违农时"①"深耕易耨"②和"粪田"等耕作方法和技术。农业离不开四时的气质变化,在这方面,古人积累了丰富的生产经验,其中有科学原理。"深耕"可以使土地变肥,"易耨"即及时快速地除去杂草,能使庄稼得到充分的雨水和肥料,更好地生长。"粪田"则是给土地上肥,当时只能是有机肥而非后来的化肥。对于管理者来说,就要使农民掌握这些基本的技术。这也是仁政的重要内容。"省刑罚,薄税敛,深耕易耨"③,这些方面结合起来,就能使人民过上好的生活,使社会得到发展。

关于农业税收的问题,孟子认为,自夏、殷、周以来,有三种方法,形式不同,但都是"什一"而税。"夏后氏五十而贡,殷人七十而助,周人百亩而彻,其实皆什一也。"④这很可能是孟子想象出来的几种税法,目的是为了说明他的主张。所谓"五十而贡"是说每家五十亩而行"贡"法;"七十而助"是说每家七十亩而行"助"法;"百亩而彻"是说每家一百亩而行"彻"法。"贡"法是按各年的收成平均计算,每年交固定的粮食;"助"者借也,即借助人民的劳力耕种,完成

---

① 《梁惠王上》3章。
② 《梁惠王上》5章。
③ 同上。
④ 《滕文公上》3章。

一定的劳动量,换算成粮食;"彻"者通也,即天下之通法,指不管在什么情况下,都按十分抽一的办法征税。三者比较,孟子赞成"助"法,而认为"贡"法最不好。他引古人龙子的话说:"龙子曰:'治地莫善于助,莫不善于贡。'贡者,挍数岁之中以为常。乐岁,粒米狼戾,多取之而不为虐,则寡取之;凶年,粪其田而不足,则必取盈焉。为民父母,使民盻盻然,将终岁勤动,不得以养其父母,又称贷而益之,使老稚转乎沟壑,恶在其为民父母也?"①按照"贡"法,丰年粮食丰收,多收也不为苛,却少收;凶年粮食歉收,却要多收。人民辛辛苦苦干了一年,却不能供养父母,还要借债以纳税,结果是,一家老小抛尸沟中,这能算是"为民父母"吗?"夫世禄,滕固行之矣。"②因为孟子的这些话是对滕文公讲的,故说,"世禄"滕国已经实行了。所谓"世禄",就是卿大夫有固定的田租收入,且世代相传。那么,人民就应该遭受这样的命运吗?

因此,他又引用《诗经》的话说:"《诗》云:'雨我公田,遂及我私。'惟助为有公田。由此观之,虽周亦助也。"③对于《诗经·小雅·大田》的这句话,究竟怎么理解,过去有不同的说法,不能详细讨论。但是,在孟子这里,正是用来证明他的"井田制"的,就是说,以"私田"为百姓所有,而以八家共同助耕"公田"为"助"。这样说来,所谓周朝的"彻"法实际上也是"助"。

---

① 《滕文公上》3章。
② 同上。
③ 同上。

但是，按照孟子的方案，井田制是"九一而助"①，与"周人百亩而彻"的"什一"之税并不完全一致。关于这个问题，孟子并没有提出进一步的说明。这可能有两种情况。一种情况是，孟子所说的周朝的"彻"法，和他的井田制的"九一而助"并不相同，如果说周朝也有井田制，那也是另一种制度；否则，就不能说是"什一"之税了。即使是"助"，也应是"什一而助"，不能是"九一而助"。另一种情况是，孟子虽然主张井田之法是"九一而助"，但在井田之外，还有"五亩之宅"，可以种桑养蚕、豢养家畜而不再征税，这样算起来，也可以说是"什一"而税。孟子还说过："有布缕之征，粟米之征，力役之征。君子用其一，缓其二。用其二而民有殍，用其三而父子离。"②这说明他只赞成在布帛、粮食、力役三种赋税中只取一种，如果采用两种甚至三种办法，人民就会挨饿，甚至出现父子离散的悲惨情景。而三种办法之中，孟子是主张力役的。但这都只是一些推测，其确实情况已经很难考证了。

孔子主张"彻"法即"什一而税"③。孟子是支持孔子的，并且将这种税法说成是"尧舜之道"，是最合理的，人们应当遵守。曾为魏国国相的白圭问孟子："吾欲二十而取一，何如？"白圭想改革税制，比"什一而税"还少一倍，征求孟子的意见。但孟子认为，多于"什一之税"不好，少于"什一之税"也不好。为什么呢？因为"子之道，貉

---

① 《滕文公上》3章。
② 《尽心下》27章。
③ 参见《蒙培元讲孔子》，北京：北京大学出版社2005年版，第104页。

道也"。白圭的办法,用在北方的貉(同貊)国是可以的,但用在中国(即中原之国)则不可。貉国寒冷,不生五谷,只生长黍(即糜子)子,又无城郭、宫室、宗庙、祭祀之礼,没有百官有司等设置,二十取一就够了。但在中国,不要这些伦常,不要各种官吏设置,怎么行呢?在一个万户人的国家,如果只有一个人制作陶器,都是不行的,何况没有治理国家的"君子"呢?要有这些设置,就需要必要的税收。因此,"欲轻之于尧舜之道者,大貉小貉也;欲重之于尧舜之道者,大桀小桀也"①。这里所说的"尧舜之道",就是指"什一而税"。想轻于"什一之税"者,只能是貉这样的国家;想重于"什一之税"者,只能是夏桀那样的暴君。

当时的社会经济结构,以农业为主,但是,还有城市,有商业和手工业,这也是重要的经济成分(在某些国家和地区,商业经济十分发达)。孟子的"薄税敛",不只是指农业税收,还包括城市工商业的税收。在这方面,孟子主张完全开放的政策,用少征或免征的办法,鼓励商业流通,人员往来,以全面发展经济。

> 尊贤使能,俊杰在位,则天下之士皆悦,而愿立于其朝矣;市,廛而不征,法而不廛,则天下之商皆悦,而愿藏于其市矣;关,讥而不征,则天下之旅皆悦,而愿出于其路矣;耕者,助而不税,则天下之农皆悦,而愿耕于其野矣;廛,无夫里之布,则天下

---

① 《告子下》10章。

之民皆悦,而愿为氓矣。①

古代的社会阶层,有"士、农、工、商"之说,古代的生活方式,有"衣、食、住、行"之说。孟子在这里从士、农、工、商到衣、食、住、行,全面地阐述了他的社会经济主张。其中,涉及经济方面的,都与税收有关。这是很有意思的。从这里可以得出一个结论,就是一切经济活动,都是经济主体(农、工、商)的事情,国家不必也不能进行过多的干预;国家作为管理部门,主要(如果不是唯一的话)是负责税收。税收制度实行的好坏,直接关系到人民生活与社会发展,当然也关系到国家的强盛与否,最终关系到能不能实现"王道"理想。

按照孟子的主张,市场管理应当有利于商业的发展、商品的流通,"市、廛而不征"是说,给商人提供储存货物的场所而不征收货物税;"法而不廛"是说,当货物积压时,依照一定的法律进行征购,而不让其长期滞销。这样,天下的商人都愿意在这里经商了。"关,讥而不征"是说,关卡(各国都有关卡),只询问检查而不征税,这样,天下的旅客都愿意到这里行走了。"耕者,助而不税"则如前所说,以"助"法出劳役而不再征税,这样,天下的农民都愿意在这里的土地上耕种了。"廛,无夫里之布"是说,居住的地方,既不收"夫"税即人头税,也不收"里"税即地税,这样,天下的人民都愿意在这里居住,成为这里的民众了。"尊贤使能"云云,是讲士的,在孟子看来,这是

---

① 《公孙丑上》5章。

最重要的，因为国家是靠他们来管理的，这些税收政策也是靠他们来执行的。这里没有明确提出工，但工在其中。商人的货物和农民的耕具，都要靠手工业者来制造。居住在国中（城市）的人，其中必有手工业者。

有商业活动，就有货币，这同古代的"以物易物"的实物交换完全不同。上面提到的"夫里之布"的"布"就是货币，这说明当时的市场经济，货币流通已很普遍。孟子作为儒家，决不反对市场经济，正好相反，他主张为市场经济的发展提供更大的空间，创造更宽松的条件。其主要措施，就是开放市场，让其自由发展，依法进行管理，而少收或不收各种名目的税。而且，他有非常明确的社会分工思想，反对一切由农民自己生产和供给的生产方式（以后还要讨论）。

三、"恒产"与"恒心"

孟子认为，道德生活是人类生活中不可缺少的部分，而且是非常重要的部分，和谐的社会秩序，还要靠道德伦理来维持。但是，道德生活与经济生活又有非常密切的关系。具体而言，又有不同情况。孟子说：

> 民事不可缓也。《诗》云："昼尔于茅，宵而索绹；亟其乘屋，其始播百谷。"民之为道也，有恒产者有恒心，无恒产者无恒心。苟无恒心，放辟邪侈，无不为已。及陷于罪，然后从而刑之，是

罔民也。焉有仁人在位罔民而可为也？是故贤君必恭俭礼下，取于民有制。①

又说：

> 无恒产而有恒心者，惟士为能。若民，则无恒产，因无恒心……是故明君制民之产，必使仰足以事父母，俯足以畜妻子，乐岁终身饱，凶年免于死亡；然后驱而之善，故民之从之也轻。②

所谓"恒产"，就是属于自己的、为自己所有的固定财产，既包括生活资源，也包括生活资料，但首先是生活资源，即土地。因为在农业社会，最重要的经济和生活资源就是土地。所谓"固定财产"，是说世世代代永远属于自己所有，不是暂时或临时属于自己使用。总之，这是"所有权"或"产权"的问题，不仅仅是"使用权"的问题，具体而言，就是指"井田"。所谓"恒心"，则是指能"恒其德"的道德之心，这是从孔子和《周易》而来的。孔子说过："南人有言曰：'人而无恒，不可以作巫医。'善夫！'不恒其德，或承之羞。'"于是孔子又说："不占而已矣。"③孔子分别引用了南人和《周易·恒卦》九三爻辞的话，说明"恒"是一种能够恒久保持德性的道德意识，它本身就是以道德为其内容而又能恒久保持之。孔子先引南方有人说过的话，"人而无恒"，便不可作巫医，因为古代的巫和医是相通的，可由一人承担。

---

① 《滕文公上》3章。
② 《梁惠王上》7章。
③ 《论语·子路篇》22章。

这说明"恒"就是一种恒久的德性。接着他又引用《周易·恒卦》中的爻辞,"不恒其德",就很可能承受羞耻,进而说明"恒"是以"德"为其内容的,不只是一般的恒久。对一般人而言,要长久保持道德意志是不容易的,因此用一个"恒"字表示其可贵。孟子所说的"恒心",就是指此而言的。

但是,孟子明确地将"恒心"与"恒产"联系起来,显然是要说明道德心与经济生活之间的关系。这里,他又区分了"士"与"民",认为无"恒产"而有"恒心"者,只有"士"才能做到;而"民"则只能是有"恒产"才有"恒心",无"恒产"则无"恒心"。这里似乎说明了两层意思。

一层意思是,"士"作为一个社会阶层,是游历的,并没固定的财产。"士"有各种各样的职业,他们是靠不同职业的俸禄生活的,即"食禄"阶层,而俸禄和职业可能是变化的,因此,不能说是有"恒产"。但这并不是说,"士"没有任何生活来源。孟子所说的"士",包括各种职业的士,但主要可能是文士,即知识阶层。

另一层意思是,"士"受过专门教育,有一定的文化知识,尤其是有较高的道德修养;因此,即使是没有"恒产",也能保持道德心。因而他们代表了社会良知,有一种社会责任感,同时也有发挥才能的机会,不必为财产问题过于担心。这其实也是对"士"的更高要求,既然成为了"士",就要承担起"士"的社会责任,即使是生活上受到困苦,也要保持自己的人格和道德情操。所谓"舍生而取义"①,主要是对"士"而言的。所以他又说:"非独贤者有是心也,人皆有之,贤者能勿丧耳。"②按照孟子的人性理论,人人都有道德心,但是,能不能"存"此心,不"丧失"此心,则是不同的;"士"人就应当是"贤者","贤者"之所以为贤者,就在于能保持其道德心而不丧失。这完全是从社会现实层面考虑问题的。

在这个层面上,孟子最关心的是"民"的问题,所着重讨论的也是"民"的问题。他所谓"民事不可缓也",正说明这个问题的重要性和紧迫性,因为这个问题直接关系到社会的稳定和发展,关系到国家的安危,更关系到人民的幸福。"民之为道"是说,人民的生活,包括物质生活与精神生活,其中有一个基本道理,这就是有了"恒产",即有物质生活的保证,才会有"恒心",即道德意识;没有"恒产",即没有物质生活的保证,就不会有"恒心",即道德意识。但这是不是"经济决定论呢?"不能简单地得出这一结论。孟子的意思是,有了物质生活,是产生道德意识的重要条件,但不能保证其必须有道德意识。正因为如此,他又引用阳虎(孔子时人)的话说:"为富不仁矣,为仁不富矣。"③有的人很富,但却不仁;有的人有仁,却并不富。仁是最高的道德标准,但仁与富之间并没有必然的联系,有时甚至相反。孟子所引的这句话,按孟子自己的理解,也不是富者一定不

---

① 《告子上》10章。
② 同上。
③ 《滕文公上》3章。

仁,仁者一定不富,但是可以说明,经济上的富有并不能保证其道德上的高尚。

这句话有一定的普遍性,所以我作出如上的解释。但孟子主要是针对治理者而言的。治理者和人民的实际地位和职能是不同的,要求也不同。对人民而言,如果没有物质生活的保证,就很容易干出违法乱纪、胡作非为的事,如果等他们犯了罪,再去处罚,这就等于陷害人民。哪有仁人在位而陷害人民的道理?而要不陷人民于罪,就要做到两条:一条是"制民之产",使人民有经济来源;一条是"取于民有制",即按一定的制度征税。这也就是孟子提出"井田制"和"什一之税"的重要原因。

正因为有了经济保障只是具备道德意识、道德观念的必要条件而不是充足必要条件,因此,在经济问题解决之后,还要兴建学校,对人民的子弟进行教育,提高他们的道德水准。所以孟子很重视学校教育。

> 设为庠序学校以教之。庠者,养也;校者,教也;序者,射也。夏曰校,殷曰序,周曰庠,学则三代共之,皆所以明人伦也。人伦明于上,小民亲于下。有王者起,必来取法,是为王者师也。[①]

这里所说的"庠""校""序",都是学校的名称;所谓"养""教""射",都

[①] 《滕文公上》3章。

是教育的名称。相传夏代的学校名"校",殷代的学校名"序",周代的学校名"庠",其实,其目的和性质都是相同的,即都是"明人伦"。"人伦"就是伦理,是建立在人的道德观念之上的。孟子提出了"五伦",即"父子有亲,君臣有义,夫妇有别,长幼有叙,朋友有信"①。在当时,这五种关系概括了人与人之间的基本关系。这些伦理关系都是相互对待的,如果在上者即诸侯卿大夫们都能明白而且实行,那么,老百姓就会亲睦和谐地相处,一个和谐的社会就会出现了。

教育和政治、经济有密切联系,但是又不能互相代替,教育有其特殊的功能和作用,它不仅能培养出各种专门人才,而且承担着社会价值的重任。如果社会价值确立了,人民的道德素质普遍提高了,孟子所理想的"王道"也就能实现了。正因为教育有如此重要的作用,孟子认为,如果有王者兴起,则必来"取法",而从事教育的人,就是"王者师"了。

孟子对教育和政治进行了一个比较,说:

> 仁言不如仁声之入人深也,善政不如善教之得民也。善政,民畏之;善教,民爱之。善政得民财,善教得民心。②

这里所说的"教",是指广义的教育、教化,而这里所说的"政",是指行政管理一类的政治事务。"教"的共同点在于启发人的自觉,而不是靠行政命令使人服从。"教"有言教,有身教。"仁声"就是身教,

---

① 《滕文公上》4章。
② 《尽心上》14章。

以身作则，行之久远，就会有"声闻"，其作用是不可估量的。孟子最重视"人心"，而要真正得人心，就要靠教育、教化了。

四、"劳心"与"劳力"

孟子社会思想的一个重要方面是社会分工理论，这是在同农家的辩论中提出的，从中能够看出当时社会经济的组成及其发展状况，同时也能看出孟子在这个问题上的基本观点和立场。

《孟子》中记述了战国"百家争鸣"中的一家，农家代表人物许行的学说，通过与其弟子陈相的对话，批评了许行的学说。

许行以神农为其学派所尊崇的圣人，他听说滕文公"行仁政"，便从楚国来到滕国，求见滕文公，希望得到一块地方，作滕国的百姓。滕文公给他房子居住。许行便与他的徒弟数十人，穿着粗麻衣服，打鞋、织席为生。又有个学习周公、孔子之道的南方人陈良，来到北方，其弟子陈相兄弟二人，背着农具从宋国到了滕国，也求见滕文公，说，听说您实行圣人之政，那么，您也是圣人了，我们愿意作您的百姓。后来，陈相见了许行，却"尽弃其学而学焉"，即放弃了从他老师那里学到的儒家学说而学习许行的学说。

陈相见到孟子，便宣传许行的学说。说："滕君则诚贤君也；虽然，未闻道也。贤者与民并耕而食，饔飧而治。今也滕有仓廪府库，则是厉民而以自养也,恶得贤?"①意思是,滕君固然是贤君,但是并不懂得治国之道。真正的治国之道应当是,贤人与老百姓一起耕种,靠自己耕种的粮食吃饭,而且要像老百姓一样,自己做饭,以此来治理国家。现在,滕国有贮粮食的仓库,有贮财物的府库,这是损害人民以供养自己,算什么贤人呢?

在先秦文献中,关于农家学说,很少记载,这是关于许行学说的比较集中的一次论述。其核心是,人人都应当从事生产劳动,过自给自足的生活,不应当有人劳动而有人不劳动,不劳动者靠劳动者供养;也不应当有社会分工,一部分从事一种职业而另一部分人从事另一种职业。这是一种典型的原始农业社会。针对这种学说,孟子一层层地进行了反驳,提出了自己的观点。归纳起来,有以下几层意思。

第一,劳动分工是必要的,是经济发展的前提条件;否则,整个社会陷入停滞、衰败。

孟子问陈相:许行必须自己种粮食而后吃饭吗?回答说:是。又问:许行必须自己织布而后穿衣吗?回答说:不是,他穿粗麻衣。又问:许行戴帽子吗?回答说:戴帽子。又问:戴什么帽子?回答:白绢帽。又问:自己织吗?回答:不是,用粟(即小米)换的。又问:许行为何不自己织?回答:妨碍耕种。又问:许行用陶器做饭,用铁器耕种吗?回答:是。又问:是自己制造的吗?回答:不是,用粟换

---

① 《滕文公上》4章。

的。于是,孟子说:

> 以粟易械器者,不为厉陶冶;陶冶亦以其械器易粟者,岂为厉农夫哉?且许子何不为陶冶,舍皆取诸其宫中而用之?何为纷纷然与百工交易?何许子之不惮烦?[①]

用粮食交换生产、生活工具,并不损害陶匠铁匠;陶匠铁匠用他们制造的工具交换粮食,难道就损害农夫吗?许行为什么不亲自制陶冶铁,将器具放在家中使用?为什么反而与"百工"即手工业者进行交换?难道不觉得麻烦吗?说到这里,陈相也承认,"百工之事,固不可耕且为也"[②],即各种工匠的工作,确实不是从事耕种的人能够同时去完成的。孟子由此得出结论说:

> 且一人之身,而百工之所为备,如必自为而后用之,是率天下而路也。[③]

对于社会上的任何一个人而言,"百工"所生产出来的各种用具都是不可缺少的,都要具备,缺一不可;但是,如果样样都要自己制造出来然后使用,那是办不到的,也没有这个必要;如果非要这样做,则只能是率领天下之人走向贫困、衰败,而无别的结果。这里的"路"字读"露"。扬雄《方言》:"露,败也。"即只能导致社会的衰败。

有分工,就有交换;有了交换,市场经济也就发展起来了。孟子

[①] 《滕文公上》4章。
[②] 同上。
[③] 同上。

所说的"纷纷然与百工交易",就说明了这种频繁的交换情况。孟子所说,虽然是以农产品与手工产品的交换为主要内容的市场经济,但它已具备了一般市场经济的基本要素。农民用来交换的粮食,已经变成了商品,而"百工"所生产的产品,主要是作为商品进入交易的。这种商品交易,不仅满足了各种人的生活需要,而且出现了人群之间的供求关系;随着需求的增长,经济也就越来越发展。与此同时,货币即"钱布"之属也会进入市场,成为交易的重要手段。孟子对货币讨论不多,但是,他决不会反对货币市场,因为随着交易的发展,使用货币不仅很方便,而且是必然。

第二,"劳心"与"劳力"的分工,是社会发展的重要标志,不仅是维持社会正常秩序之所必需,而且是提高社会文明程度之所必需。孟子说:

> 然则治天下独可耕且为与?有大人之事,有小人之事。……故曰,或劳心,或劳力;劳心者治人,劳力者治于人;治于人者食人,治人者食于人,天下之通义也。①

针对农家主张贤人"与民同耕"的主张,孟子特别提出"劳心"与"劳力"的分工,这是与上面所说不同的另一种分工。上面所说,是物质生产劳动类别的不同,但都属于"劳力",即体力劳动;这里所说,是指"劳心"即脑力劳动与"劳力"即体力劳动的不同。孟子认为,一个

---

① 《滕文公上》4章。

社会、一个国家,是需要有专门的人才进行管理的,这些人不需要从事物质生产,只靠他们的智慧和才能进行管理,故称为"劳心"者;而从事物质生产的人民,则主要靠他们的体力进行劳动,故称为"劳力"者。事实上,二者都是不可缺少的,只有将二者结合起来,才是一个完整的社会。

就二者的关系而言,"劳心"者与"劳力"者是"治"与"被治"的关系,又是"食于人"与"食人"的关系。这里最关键的是一个"治"字。现代的一般解释者,都将"治人"解释成统治人民,将"治于人"解释成被人统治,完全变成一个阶级性的政治语言。这样解释,当然有一定的根据,但是并不能完全说明孟子的意思。其实,"治"字的基本意思是治理,《说文》:"治,治水",是一条河,"从水,台声。"并没有更多的解释。段玉裁注说:"按今字训理,盖由借治为理。"著名的"夏禹治水",就是按水性而治之,即疏导的意思。运用到社会经济上,就是管理,即是说,"劳心者"对"劳力者"进行组织管理,而"劳力者"在"劳心者"的管理之下从事劳动。这样的管理与被管理的关系,固然是通过政治形式实现的,但是,它还有某种社会意义,有某种相对独立性,因此,不能被完全归结为政治上的统治与被统治的关系。过去那种"皮之不存,毛将焉附"的阶级分析方法,太绝对化了。从事脑力劳动的知识阶层和政治上的统治者不能完全画等号,也不能被全部意识形态化。他们的精神劳动,体现着社会文化的意义。

既然"劳心者"从事治理社会的工作(这里的"管理""治理"是广

义的),他们就需要从社会得到应有的报酬;又由于他们不能参加体力劳动以直接生产粮食,因此,就需要由"劳力者"供养,而"劳力者"也有义务供养他们。在孟子看来,这是一种合理的社会分工。孟子将这种关系说成是"天下之通义",即文明社会必须遵守的普遍原则,这无疑是正确的,他不过说出了一句大实话。

应当指出的是,孟子对"劳心者"的社会作用给予了充分肯定和高度评价,认为一个社会的文明程度以及治理的好坏,主要是由这些精英决定的。孟子的社会思想,可说是一种精英思想。不仅在政治上如此,在社会经济、文化上也是如此。因此,他很重视人才,特别是贤人,认为是他们支撑着社会的价值,而社会价值对于社会的发展是至关重要的。他用大量篇幅论述古代圣贤尧、舜、禹、益、后稷、契、皋陶等如何治理天下,其中,除了治理洪水、生产五谷、教民稼穑等等之外,特别强调"教以人伦"以及"为天下得人"之重要,就说明了这一点。

> 后稷教民稼穑,树艺五谷,五谷熟而民人育。人之有道也,饱食、暖衣、逸居而无教,则近于禽兽。圣人有忧之,使契为司徒,教以人伦:父子有亲,君臣有义,夫妇有别,长幼有叙,朋友有信……圣人之忧民如此,而暇耕乎?
>
> 尧以不得舜为己忧,舜以不得禹、皋陶为己忧;夫以百亩之不易(治也)为己忧者,农夫也。分人以财谓之惠,教人以善谓之忠,为天下得人谓之仁。是故以天下与人易,为天下得人

难……尧舜之治天下,岂无所用其心哉?亦不用于耕耳。①

"人伦"即道德伦理,是社会价值的重要内容。人民吃饱穿暖是最基本的,但吃饱穿暖之后,还要"教以人伦",使他们懂得人与人之间相处的伦理原则,这样才能过上文明的生活。能够承担这项工作的,就是贤人。如何能得到这样的贤人,就是在位者需要着重考虑的大问题。而农夫考虑的,则是如何治理好自己的百亩之田。各有职责,各有考虑,尽到各自的职责,就是一个和谐有序的社会。孟子特别强调人才之难得,这也是一种忧患意识。"以天下与人易,为天下得人难",如果能得到一个能胜任其治理天下国家的职责的人才,那就是真正的"仁"了。这里不仅有"劳心者"与"劳力者"的社会分工,而且在"劳心者"内部,也有分工。在位者以"得人"为其职责,而所得之人才是真正的"劳心者",他们要靠自己的精神劳动服务于社会。这也许就是孟子所谓"有大人之事,有小人之事"与"或劳心,或劳力"之间的区别吧。这里的"大人"是指在位者,这里的"劳心"者,则是贤能之人。

当时就有人指责脑力劳动者"不耕而食"。因此,学生公孙丑便问孟子:"《诗》曰:'不素餐兮。'君子之不耕而食,何也?"孟子回答说:

君子居是国也,其君用之,则安富尊荣;其子弟从之,则孝

---

① 《滕文公上》4章。

悌忠信。"不素餐兮",孰大于是?①

这里的"君子"就是"劳心者"中的道德高尚者。这样的人能为社会国家做大贡献,君主用他,就会受到尊重;少年师从他,就会孝父母、敬兄长、忠心讲信用。"不白吃饭",有什么比这更好的吗?意思是,有这样的人"不白吃饭",对社会岂不是很有用吗?这就充分肯定了"劳心者"的社会作用和地位。

第三,孟子提出了一种价值理论,批判了绝对平均主义。

陈相在孟子的论证面前,已经不再坚持人人都要耕种并自己制造工具的学说,但他又提出,如果遵从许行的学说,则市场上的物价一样。布匹丝绸长短一样,价钱一样;麻线丝线轻重一样,价钱一样;五谷的多少一样,价钱也一样;鞋子大小一样,价钱也一样。这样,就不会有欺诈行为。对此,孟子回答说:

> 夫物之不齐,物之情也。或相倍蓰,或相什佰,或相千万。子比而同之,是乱天下也。巨屦小屦同贾,人岂为之哉?从许子之道,相率而为伪者也,恶能治国家?②

各种事物都是"不齐"的,不可能完全一样,市场上的商品也是一样,不仅品种不同,量也不同,质就更不同,有的相差一倍五倍,有的相差十倍百倍,有的甚至相差千万倍。既然不同,价格也应不同。如

---

① 《尽心上》32章。
② 《滕文公上》4章。

果统统"比而同之",取消其质的差别,品种差别,只从量上整齐划一,这岂不是扰乱天下市场吗?只看鞋子大小,不问质量好坏,谁还做好鞋呢?因此,如果听从许行的学说,只能把人们引向虚伪,而不是诚信。这怎么能治理国家呢?

这里隐含着的意思是,物品的原料不同,成本不同,付出的劳动不同,质量不同,价格当然也不同。商品的价格,反映了劳动和成本的价格,应当由市场决定,不能人为地一律拉平。如果人为地一律拉平,表面上看起来很公平,实际上则是不公平,不仅不利于经济的发展,而且能使社会陷入混乱。孟子的这个思想,无疑是正确的,其中包含了经济学中的价格理论,也涉及社会公平的问题。在孟子看来,社会公平决不意味着绝对平均主义。不同劳动创造不同的价值,即使是相同劳动,也不都是创造相同的价值,这里有质量和效率的问题,必须考虑到这些差别,才能谈论公平的问题。

第四讲

天人学说

一、天的物理意义

二、天的目的意义

三、天的价值意义

四、命的二重性

五、天人合一

一、天的物理意义

天人关系问题,是中国文化与哲学的基本问题,每一个思想家,特别是像孔子、孟子这样具有原创性的大思想家,都要讨论这个问题,提出他们的见解,并以此为基础,建立他们的学说。

关于天的意义,孟子基本上是沿着孔子的思路前进的,但是,也有明显的发展。比如,天的宗教意义,在孟子这里就大大减少了,而天的价值意义,则进一步突显了。

在孟子思想中,天仍有不同层面的意义。这说明,中国的天人之学,仍在创建、形成之中。但是,有一点是清楚的,这就是无论从哪种意义上说,天都不是作为纯粹的客观对象而存在的,天是与生命有关的,与人类活动有关的,与人的存在及其意义和价值有关的,一句话,天的意义是在"天人关系"中被揭示出来的,不是作为客观对象被认识到的。这正是孟子和儒家的天道观的特点所在。

但这并不是说,天没有任何客观性或客观意义,只能由人来说明或赋予。

如果是这样,天人问题就只是人自身的问题,天人关系问题就只是人与自身的关系问题,或人与非人的"他者"之间的关系问题。有些学者就是这样解释孟子和儒家的。他们认为,只有人才有主体性和主体意识,而这种主体性或主体意识与天毫无关系,天的意义最多只是一个外在的因果性,只有彻底摆脱这种外在的束缚,人才能获得主体的自由。我认为,这些看法,在解释孟子思想的精神价值时,是会遇到困难的。

分析地说,天有几种不同的意义;但是,这些意义并不是互不相干的,而是同一个天的不同层面的意义。只有说明这一点,才能全面理解孟子的天人之学。

天是自然界,这一点实际上从孔子开始就已经确立了[①],孟子只是进一步指出其中不同层面的意义而使之明确化。其中,第一层面就是物理的意义。这当然不等于孟子的"形而上学",但是,却又是孟子天人之学的重要组成部分,而不能说是孟子的"物理学"。不能一提到"物理"或"物理学"的意义,就认为是科学问题。且不说孟子没有亚里士多德式的分类学,没有科学与"科学之后"的"形而上学"的区分;就孟子对物理自然的看法而言,也是同人类的活动有关的,

---

[①] 见《蒙培元讲孔子》第二讲。

而不仅仅是对象化的物理世界。当然,其中也有属于科学认识的成分,对此不能绝对化。

孟子说:

> 七八月之间,旱,则苗槁矣。天油然作云,沛然下雨,则苗浡然兴之矣。①
>
> 天时不如地利,地利不如人和。三里之城,七里之郭,环而攻之而不胜。夫环而攻之,必有得天时者矣;然而不胜,是天时不如地利也……②

这里所说的天"作云""下雨",显然是自然界的气候变化的物理的现象,不是说,有一个人或神在那里"作",如同民间神话中的雷公,击鼓而兴云下雨。这里所说的"天时",也是自然界的四时(春、夏、秋、冬四季)变化,而不是有人或神在那里推动。自然界的这些物理变化,对农业生产和战争等等都有很大关系,这意味着,人类的一切活动,都要按照自然界的运行规律行事,而不能违背这些规律。这是显而易见的。

自然界的事物,也有它们的"性"。事物之"性",也就是所以然之"故"。这所以然之"故",也是自然而然形成的,不是有一个主宰者授予的。所以孟子又说:

---

① 《梁惠王上》6章。
② 《公孙丑下》1章。

> 天下之言性也，则故而已矣。故者以利为本。所恶于智者，为其凿也。如智者若禹之行水也，则无恶于智矣。禹之行水也，行其所无事也。如智者亦行其所无事，则智亦大矣。天之高也，星辰之远也，苟求其故，千岁之日至，可坐而致也。①

所谓"天下之言性"，不是专指人性，而是万物之性。所谓"故"按照朱熹的解释，是"已然之迹"②，即已经存在或存在过的事迹，但其中又有所以然之故。这不是专从逻辑上说，而是从物理学的因果关系上说。它属于事实存在的问题，不是目的或"应然"一类的问题。"故者以利为本"，这个"利"字最难解释，如果解释成利益，那么这句话就应当翻译成：求其已然之迹与所以然之故，是以人的利益为根本。这同现代流行的观点倒是很一致，即认识自然界，是为了人类的利益。但是，这是不是符合孟子的原意呢？相比而言，朱熹的解释可能更符合原意。朱熹说："利犹顺也，语其自然之势也。"③利就是顺应自然的局势。这是说，事物之性，是以顺应自然为其根本的。

这里最重要的是"智"的问题。孟子为什么"恶于智"，即厌恶"智"呢？因为他对通常所谓的"智"即智力、智能是有看法的，是持批判态度的。这种"智"的最大问题就是"凿"，即穿凿附会，用现在的话说，就是用主观的认识形式去套客观的事实，其结果就是强行

---

① 《离娄下》26章。
② 《孟子集注》卷八，《四书章句集注》，北京：中华书局1983年版，第297页。
③ 同上。

改造事物，以便为自己牟利。但是，孟子并不一般地反对"智"，他所反对的，只是好"凿"之智，即过分强调主观认识能力，以事物之性服从主观需要的那种智。还有一种智，那就是顺应自然、尊重事物之性的智，可称之为大智。他举大禹治水为例，以说明这种大智并不是按照人的力量去改造河道，而是顺应水性进行疏导，并不需要费多少人力，却得到了很好的效果，这就是"行其所无事"。"行其所无事"就是顺应自然，不用人力去强制改变事物。

治水如此，其他也是一样。人类有智，这是人类的特点，看你有什么样的智，如何用智？这才是最重要的。老子有"大智若愚"以及"为无为，事无事"①之说，孟子则提出大智"行其所无事"，这说明，二者有某种共同点，即他们都很重视顺应自然。"天之高也"云云，这个"天"无疑是自然界，确切地说，是自然界的一部分。自然界有其运行规律或秩序，是可以认识的，如果要知道一千年以后的"日至"即冬至，坐着就能推算出来。这说明，孟子并不反对认识自然，其关键在于尊重自然，顺应自然，而不是按照人的主观愿望和意志改变自然，征服自然。这与老子的"不窥牖，见天道"②也有某种共同之处。

这就是物理层面上的天的意义以及认识层面的天人关系。

---

① 《老子》36章。
② 《老子》47章。

二、天的目的意义

一谈到目的问题,就立刻会想到上帝,即神学目的论。它是人格化的,但又是超自然的,是一个绝对实体。孟子所说的天,在很多情况下具有目的意义,但是不是指上帝一类的绝对实体呢?

孟子确实谈论过上帝。他说:"西子蒙不洁,则人皆掩鼻而过之;虽有恶人,斋戒沐浴,则可以祀上帝。"① 像西施这样的美人,如果面部沾上不洁之物,人人见了都会掩鼻而过;即使是面貌丑陋之人,如果斋戒而洗得干干净净,则可以祭祀上帝。这里所说的上帝,毫无疑问是接受祭祀的天神。但这只是从祭祀形式上说的,而这种形式是从古代传下来的,孟子并没有也不想从形式上完全否定上帝。这种形式也不是毫无意义,其意义就在于它可以满足人的某种情感需要。但是,这是不是说,真有一个上帝存在呢?或者说,真的相信有一个上帝存在呢?至少孟子并不是完全如此。在孟子看来,超自然的上帝,如果不是一个假设(因为上帝观念是自古就有的),至少变成了一个"有名而无实"的形式。中国的思想家,是注重实质(内容)而不重视形式的,孟子也不例外。保持上帝的名字,虽然有某种作用,但不能说明实质问题。我们在第二讲所说的"君权神授"就是

---

① 《离娄下》25章。

一个很好的例子,它的实质在"民意",而不是"天意"。"民意"是人的目的,不是上帝的目的,但它能够代表上帝的目的。经过这一转换之后,"民意"就是上帝的目的。这里的"主体"是人而不是上帝。但"民意"也不是个人的、主观的,而是有客观依据的,其依据就是自然界的目的,即"天命"。

《孟子》中又有一段记载。学生万章问孟子:有人说,三代禅让,到了禹而"德衰",不传于贤而传于子,有这回事吗?孟子回答说:

> 否,不然也。天与贤,则与贤;天与子,则与子。……舜、禹、益相去久远,其子之贤不肖,皆天也,非人之所能为也。莫之为而为者,天也;莫之致而至者,命也。①

这里所说,也是"君权天授"的问题,只是由"禅让"转向"传子",但都是历史观的问题。所谓"天与之"的"与"字,明显的具有目的意义,不单是物理层面上的因果性、必然性之类;这里也谈到"天下之民"的决定作用,即传与何人,是由人民的意愿和行动决定的。②但是,这里真正涉及的是"贤"与"不肖"的问题。按照孟子的说法,无论"禅让"还是"传子",都是以被传者是否为"贤"为前提的。人民的作用在于"选贤",而不在于能否决定何者为"贤",何者"不肖"。决定"贤"与"不肖"的则是天,不是人力所能决定的。那么,人之贤与不肖,难道与人自己无关吗?天为何使有些人为贤,使有些人为不肖

---

① 《万章上》6章。
② 同上。

呢？这是一个问题。根据孟子的其他有关论述，他认为，环境对人是有很大作用的。他说："富岁，子弟多赖；凶岁，子弟多暴。非天之降才尔殊也，其所以陷溺其心者然也。"①丰年多懒惰之人，荒年多强暴之人，这不是由于天生的资质有不同，而是由于环境使这些人变坏了。这也可以说是"天与之"，但这是另一种情形，与"内在目的"不是一回事。在这个问题上孟子的说法有些勉强，但他的用意是强调自然界的客观力量和作用，这一点是可以肯定的。

"莫之为而为者，天也；莫之致而至者，命也。"这是孟子关于天和命的一个极其重要的观点。关于命的问题，以后还要讨论；就天而言，所谓"莫之为而为"，是说没有一个什么目的支配它，也没有什么力量推动它，它自己就是这样"为"了。这再明显不过地说明，孟子是反对超自然的神学目的论的。只有超自然的绝对主体即上帝，才能决定自然界如何"为"，但这样的绝对主体是没有的，这就是"莫之为而为"。这样看来，天就是自然界本身，似乎是没有目的的，它是自然而然地决定事物的；但是，它确是有"为"的，即有某种目的性的。"为"字是一个目的性范畴，指有目的的活动、行为。其中又有"自为"与"他为"之分，"他为"是受自身之外的某种目的支配，"自为"是由自己支配。"莫之为而为"的第一个"为"字，是指"他为"，但是被否定了，剩下的就只有"自为"了。这实际上是说，超自然的主宰者上帝的目的被否定之后，就只有自然界自身的目的了。至于

---

① 《告子上》7章。

"天与贤""天与子"之"与"字,是"授予"的意思,更是具有目的性意义,不是一般的盲目的物理作用所能解释的。在这里,我们可以借用康德的话,说明它是一种无目的的目的性,即自然目的性。这实际上是从生命意义上说的,但又不是如同康德所说,只有生物学的意义,它还有更深刻的意义。

目的意义上的天,与物理层面上的天是不同的,它与人类的目的性活动有关,但又不能以人的目的性取而代之,直接说成是人的目的,或者用所谓"投射说"将人的目的性赋之于自然界。在孟子看来,天的目的决定了人类的历史活动,以及人的贤否,但天确实不是上帝,而是自然界本身。孟子所说的"顺天者存,逆天者亡"[1],这个"天"似乎是指上帝的意志,但是如前所说,作为人格神的上帝,已经被彻底虚化了,不具有任何实质性意义。它也不是指物理的某种必然性,因为这与人类的历史活动直接有关,而人类的历史活动都是目的性活动,孟子不是从主客认识的角度,以认识客观必然性作为人类活动的依据,而是以实现自然目的为其目的的。

三、天的价值意义

天的价值意义和目的意义有直接的关系,可说是目的意义的

---

[1] 《离娄上》7章。

"实现",特别是在人的生命中的"实现"。因此,在谈到天的价值意义时,实际上已经是在谈论天人关系的问题。因为这里不仅有自然界的"内在价值",而且有人的价值的来源问题,而后者在很大程度上又是人如何体认和实现自身价值的问题。

许多学者(如冯友兰、张岱年)认为,孟子所说的天,是"价值之天"或"道德之天",这已经成为共识;但是,究竟何为"价值之天"?却很少有人进行进一步的讨论。这里同样面临着一个难题,即价值意义上的天有没有主体性?通俗地说,有没有独立性、自主性、唯一性、至上性?当我们这样提出问题的时候,就已经是按照西方哲学的思维模式思考问题了,即要么人为主体,要么天为主体,二者必居其一。如果以天为主体,那就只能是宗教神学,或纯粹的自然主义。但孟子是人与自然互为主体论者。不过这个问题仍有意义。如果不是陷入人与自然、主体与客体绝对二分的思维框架,而是从统一的意义上来理解,肯定自然界的主体性,仍然能够解释孟子的思想。

这里面临的另一个问题是,所谓宇宙论和本体论的问题。前者是生成、发展的问题,后者是所谓基原、根据的问题。有些学者认为,宇宙论的问题是一个低层次的问题,甚至不是一个哲学的问题,因为这个问题没有达到哲学思维的高度;只有本体论的问题才是一个哲学的问题,因为只有这个问题才能回答存在的根据是什么,因而才是一个哲学形而上学的问题。那么,孟子的"价值之天",又是一个什么样的问题?我认为,本体论可以成为一个普遍性的问题,但是,却不能将西方的本体论硬套在孟子的身上进行解释。西方的本体论就是实体论,本体就是实体。实体是单一的、不可分的、不可入的、静止的、不变的、始终如一的。在孟子和中国哲学中却找不到这样的实体。至于宇宙论,可说是中国哲学的重要形态("宇宙"二字即出于《庄子》等文献)。所谓本体论高于宇宙论的说法,完全是按照西方哲学的"标准"作为衡量尺度来"定义"哲学,其结果是,不是中国有没有哲学,就是只能有西方式的哲学。其实,宇宙论与本体论实际上并无所谓高低,只是观察问题的视角不同而已。这个不同,恰恰说明了中西哲学之不同,而不是谁高谁低。当然,中国哲学也有本体论的问题,那是为了说明存在的依据,但决不是实体论的。

前面讨论了天的目的意义。所谓目的性问题,从根本上说是一个宇宙论的问题,目的是在自然界的生命流行的过程中实现的,是在"生成"中实现的,是有时间性的,不是按照上帝的目的一次完成的。目的的实现便构成天人关系的重要内容,即价值的实现问题。这里的关键在于,自然界究竟有没有价值?何以有价值?是什么样的价值?通常人们说,只有人才有价值,价值完全是属人的,如果说自然界有价值,那就是将自然人化了。既然孟子已经放弃了上帝的观念,只是保留了一个空的名字,偶尔提及,天的目的是靠人的目的("民心")来说明的,那么就只有人才是真正的价值主体,所谓天的价值意义就只能靠人来"赋予"。这正是目前流行的一种说法。按照这种说法,自然界只能是一个没有生命的物理世界,也就是说,只能从物理的意义上理解自然界。这也是西方主流哲学的基本观点。现在提出自然界除了物理层面的意义,还有目的、价值层面的意义,正是要突破这种流行观点,回到孟子和中国哲学的原点,以阐明其精神意蕴。

目的和价值意义上的天,既不是上帝,也不是超自然的精神实体,而是作为生命整体的自然界的一个层面;因此,孟子在不同层面上讨论问题时,都提出一个"天"字而不作区分,只是在具体的语境中表明其不同意义。这并不完全是含混不清或概念上的混乱,这是说,天作为自然界这一生命整体(或有机整体,但是严格地说,"生命"和"有机"并不完全相同),其中虽有物理层面的意义,又有目的和价值层面的意义,但又是同一个天,不可将其完全割裂,更不可看作是超越与被超越的二元结构。只是物理层面的意义是能够看得见、感觉得到的,目的和价值层面的意义却是看不见、感觉不到的,只能在生命活动中去体验。

现在我们具体讨论孟子关于天的价值意义的一些思想。

孟子提出了大体与小体、天爵与人爵、天道与人道的关系问题,都是讲天的价值意义的,或者说,是从价值的意义上讲天即自然界与人的关系的。这里所说,虽然是人的问题,但是,孟子决不是将人作为孤立的主体来对待,即不是从所谓"纯粹自我意识"出发,而是从生命价值出发谈论人的问题的,其价值来源不是别的,就是天。

> 公都子问曰:"钧(同均)是人也,或为大人,或为小人,何也?"
>
> 孟子曰:"从其大体为大人,从其小体为小人。"

曰:"钧是人也,或从其大体,或从其小体,何也?"

曰:"耳目之官不思,而蔽于物。物交物,则引之而已矣。心之官则思,思则得之,不思则不得也。此天之所与我者。先立乎其大者,则其小者不能夺也。此为大人而已矣。"①

大体、小体都是指人体生命的官能,前者指心,后者指耳目等感觉器官。之所以分出大小,在于强调心官之重要。耳目之官虽是身体中不可缺少的官能,但只是一"物",这个"物"具有物理学、生物学的意义,属于物理层面。耳目与外物发生关系,能引起感觉,但不能"思",因此,容易"蔽于物",即被外物所蒙蔽,而引向外物的追求。心之官所以为"大",就在于能"思","思"是人的重要特征,也是人的价值的实现方式。一般地讲,"思"有"能思"和"所思",即思者和被思者,并由此分出主体与客体、人与对象的关系。这就是对象思维,但是,孟子所说的"心之官则思",却不是这样的对象思维,而是思其"在我者"。这个"我",是人对自身的称呼,人人都是一个"我",但不是独一无二的"自我",即纯粹个体的存在者(存在主义者海德格尔称之为"此在"),"我"实际上是生命价值的承担者。所谓"思则得之,不思则不得",说明"思"的作用就在于实现人的价值,思则能实现,不思则不能实现。思是人的真正的自觉。人的价值就在自身生命之中,就在心中,这是人人都具有的,但是只有通过"思"才能得

---

① 《告子上》15章。

到,"不思"则得不到。这个"得"实际上是自觉地体认或意识到自身的价值,亦即"良贵"。

> 欲贵者,人之同心也。人人有贵于己者,弗思耳矣。人之所贵,非良贵也。①

"贵"即尊严、尊贵,亦即人的价值。人人都有尊贵之处,只是"思"与"不思"罢了,不思则不知有何可贵。别人给你的尊贵,是外在的,可以给你,也可以拿走,唯有自己所具有的"良贵",那才是真正属于自己的。

但是,问题到此是不是解决了呢?没有。人的价值究竟来自何处?这才是问题的关键。孟子的回答是明确的:"此天之所与我者。"人的价值是天给予的,这里的"天"决不是一个虚设,也不是宗教哲学所说的上帝,就是说,人的价值不是无自而来,也不是上帝给予的。那么,天究竟是什么?它只能是自然界。自然界在赋予人以形体生命的同时,便赋予人以道德价值,不过这是两个层面的问题。而道德价值是靠人自身去实现的,这里又有人的主体性问题,不可将主体性全归之于自然。人的生命是一个整体,如同自然界是一个整体一样,并没有精神同肉体的二元分立,只是有层次上的不同,其价值层面高于生物(物理)层面,则是孟子的基本观点。这里涉及生命进化与道德提升的问题,孟子并没有从科学认识的角度讨论问

---

① 《告子上》17 章。

题,而是上升到哲学的高度展开论述,不能说与科学毫无关系,但却是截然不同的问题。

既然如此,人需要全面对待自己的生命。重要的是,要意识到贵与贱、大与小的区别,不可以贱伤贵,以小害大。

> 人之于身也,兼所爱。兼所爱,则兼所养也。无尺寸之肤不爱也,则无尺寸之肤不养也。所以考其善不善者,岂有他哉?于己取之而已矣。体有贵贱,有小大。无以小害大,无以贱害贵,养其小者为小人,养其大者为大人。①

前面讲"思",这里讲"养"。"养"与"思"都是生命活动的重要方式,其不同之处在于,前者只属于大体,而后者则是对自身生命的全面的爱护与保养。值得注意的是,孟子将大体与小体都说成是身体,正说明二者是一个完整的生命整体,大体也是不能离开小体的,只是有贵贱之分。这就再一次说明,孟子不是神形二元论者,也不是价值与存在的二元论者。自然界是一元的,人与自然也是一元的,不是二元的。认识这一点有助于说明人的生命价值与自然界的内在统一性,而不至于将自然界降低为一个还原论的机械式的物理世界,或生物世界。

天爵、人爵之说,也是如此。孟子说:

> 有天爵者,有人爵者。仁义忠信,乐善不倦,此天爵也;公

---

① 《告子上》14章。

卿大夫,此人爵也。古之人修其天爵,而人爵从之。今之人修其天爵,以要人爵;既得人爵,而弃其天爵,则惑之甚者也,终亦必亡而已矣。①

"爵"本来是某些人的特殊身份和地位的一种社会标志,它同时又代表一种荣誉和尊贵。孟子却区分出天爵与人爵,并赋予天爵以新的意义,即尊严和价值意义,并与"人爵"相抗衡,就说明他对天的极端重视。"天爵"是人人都有的天赋爵位,比"人爵"即人所授予的爵位高贵得多。有些人只看重人爵,追求人爵,却放弃了自己的天爵,这种人最终连人爵也是保不住的。很清楚,孟子是以"天赋德性"为人的最高价值的,是以天即自然界为价值之源的,这里的"天"同样不是虚设。

那么,自然界何以能赋予人以仁义忠信、乐善不倦的德性呢?这是一个终极性的问题,不能无穷地追问下去。在孟子看来,天虽不是上帝,却是最高存在,没有任何东西居于自然之上,也没有任何东西居于自然之外。天是全能的,即自然界是全能的,自然界创造了生命,也创造了人类,人类的一切,包括价值,归根结底都来源于自然界这一生命母体。自然界是生命之源和价值之源。这就回答了"人从何而来,到何处去"的问题。但这决不是否定人的创造性。

天道与人道的问题就更是一个价值论的问题。孟子继《中庸》

---

① 《告子上》16章。

之后，提出"诚"的学说，将"诚"说成是"天之道"，而将"思诚"说成是"人之道"，由此论证天人合一何以可能的问题，就是以自然界为价值之源。孟子说：

> 居下位而不获于上，民不可得而治也。获于上有道，不信于友，弗获于上矣。信于友有道，事亲弗悦，弗信于友矣。悦亲有道，反身不诚，不悦于亲矣。诚身有道，不明乎善，不诚其身矣。是故诚者，天之道也；思诚者，人之道也。至诚而不动者，未之有也；不诚，未有能动者也。①

从上下、朋友、亲亲等伦理关系推到"反身而诚"的德性问题，进而说明善就是诚的根本所在，以"明善"为诚身的基本前提，这就是孟子的"目的伦理"，即以善之目的为伦理所以可能的根据。善被认为是道德价值的客观标准。这个标准不是由那一个人制定的，而是来自天即自然界。诚本来是指人的诚实之心，是人的重要的道德品质，但是，孟子所考虑的是，人的诚实之心究竟从何而来？其回答是，来自自然界的生命目的。在西方，有宗教伦理，人的伦理规范来自上帝，最高的善也来自上帝。孟子否定了上帝，以自然界为最高存在，那么人的德性、伦理就只能来源于自然界。其实，善就是目的，自然界的生命目的决定了人有善心、诚心。但是，要实现出来，还要靠"思"，而"思"是人所独有的。这与前面所说"心之官则思"是完全一致的。

① 《离娄上》12章。

四、命的二重性

与天的学说联系在一起的是命的学说。当我们谈到天人关系的时候,必然要谈到命的问题,因此,人们常常是天命一起谈。如果要作一个区分,那么天是从"存在"上说,命则是从功能、作用上说。其实,天的"存在"意义是通过命而实现的,命的作用则是以天的"存在"为前提的。中国哲学关于"存在"的学说,不是讲独立存在的实体及其属性的关系,而是讲存在及其功能、作用的关系。不是由属性说明实体,而是由功能、作用显现其存在,这也许是中国哲学的一个重要特点。天与命的问题就是如此。既然讲功能、作用,就与人的存在问题不可分了。

命或天命的问题,在中国哲学与文化中,是一个至关重要而影响深远的问题,但也是争论最多的问题。其所以有争论,其中的一个重要原因就是,对于天的解释不明确或有分歧。当我们对于天的不同层面的意义作出解释之后,这个问题就容易解决了。

孟子很重视命的问题,经常谈到命的各种表现,但是,他的说法并不是很一致。其最大的不同,就是所谓"义命合一"与"义命分立"的问题。"义命合一"之命,就是《中庸》所说"天命之谓性"之命,也就是郭店楚简《性自命出》所说"性自命出,命自天降"之命。"义命分立"之命,则是孔子所说"死生有命,富贵在天"之命,也就是人们平常所说的"为事在人,成事在天"之命。这两种意义的命是不同的,不能勉强地合为一说,以求得一致。其所以不同,就在于天有不同层面的意义。其物理层面的命,是一种客观因果性,是命定论,人力无法改变,只能接受。其目的和价值层面的命,则是天所授予人的内在本性,即义理之性,是目的性的,可成为人的意志自由,人是可以得到的,是属于自己的。

孟子说:

> 求则得之,舍则失之,是求有益于得也,求在我者也。求之有道,得之有命,是求无益于得也,求在外者也。①

由此可见,孟子已经很明确地区分了两种命。所谓"求则得之,舍则失之",就是指"天命之性"而言的,"性"就是命(下面还要谈),命则是由天而来的,也就是"天之所与我者"。正因为性是天通过命而赋予人的,因此,还有一个"求"的问题。这里虽然没有"命"字,但"命"在其中。当命转化为性之后,便是"在我者",变成人自身的最宝贵的东西,是我能够决定的。但是,仍有"得"与"失"的问题,其关键在于"求"。只有求之,才能得到,不求则很容易丧失。这个"求"是自求,而不是他求,即向自己的内心求,而不是向别处求。但是,它又是天所赋予的,因此,不求则容易丧失。这说明天所命之性虽然在人的心中,成为心的存在本质,却并不是现成的,随手可得的。问题

---

① 《尽心上》3章。

在于,心和性都不是实体,而是处在实现、完成的过程之中,所谓"求",不是寻找一件东西那样的求,而是目的性的追求,需要终身努力,不能有丝毫松懈。这也就是孟子所说的"立命"①。这个"命",显然是天命之命。

但是,还有另一种命,这就是在人之外而决定人的命运的命定之命。所谓"求之有道,得之有命",便将道与命区分开了,因此,是"求在外者"。这里虽然也是天人关系问题,却是另一种意义上的天人之学。"求之有道"的"道",是指道义,是"求在我者",虽有其客观来源,却是我能够做到的,因为它是我所具有的。但能不能得到,却是由客观命运决定的,不是我所能决定的。这就同前一个"命"字不同了。这里的意思是,做我所应做之事,不必考虑现实结果,也就是只求目的,不求结果。目的本身就是价值所在,至于结果如何,只有靠天了。因为所"求"和所"得"不是同一层次的问题,所"求"是实现生命价值的问题,所"得"则是客观必然性的问题。前者是人生自由的问题,后者是因果关系的问题,二者并不是完全一致的。这样看来,孟子既承认有"义命合一"之命,又承认有"义命分立"之命,这是不同层面的两种命。

但是,孟子并不是提倡消极的"听天由命"。对于命定之命,即物理层面的客观必然性,人虽然不能改变,但是,却能够在认识的基础上,以正确的态度对待,避免不必要的后果。

---

① 《尽心上》1章。

> 莫非命也,顺受其正。是故知命者不立乎岩墙之下。尽其道而死者,正命也;桎梏死者,非正命也。①

一切都是由命运决定的,换句话说,命运是无所不在的,谁也无法摆脱。这是对于命对人的强大作用及其严重性的一种最明确的表述。但是,人之接受命运,还有正不正之分。这里有"知命"的问题,这个"知",是对客观必然性的认识,比如,知道人是会死的,但是决不会站在危险倾斜的墙壁之下。这正是"死生有命"之命。认识了人一定会死这个必然性,并不能改变它,但也不是不要珍惜生命,随意地去死。人的生命的意义又不在于死亡本身,而在于"尽道""行道",知其必死而在有生之年努力行道,等待死亡的到来,这就是"正命",即正确地对待了命运。否则,如果犯了罪,戴上枷锁而死,就不是正命。这完全是一个人生态度的问题,不是能不能改变命运的问题。正是在这个意义上,道和命是分离的,而不是合一的。但是,"知命"也是重要的,它不仅使人知道生命之有限,而且知道生命之可贵,从而尽到人生的责任和义务。这就是"义命分立"之命。

这里确实表现出孟子的主体思想,即知道命运之不可改变,从而自我作主,完成自己所应完成的事,不再受命运的束缚,不再为命运而烦恼。"知命"不是为了改变命运以得到某种现实的好处,而是为了尽到人生的义务,实现人生的目的,一句话,为了得到人生的自

---

① 《尽心上》2章。

由（非现代人所说的自由）。但是，后者就没有命的问题吗？

附带说明一点，命运、命定之命，也称之为"天命"，也是由天所决定的。"吾之不遇鲁侯，天也。""君子创业垂统，为可继也。若夫成功，则天也。"①都是讲命定论的，只是这里所说的天，是物理因果层面上的自然界，不是目的、价值层面上的天，更不是超自然的上帝，因此，它与神学预定论、宿命论并不是一回事。

既然道和命是分离的，那就不能说道是由命决定的。问题在于，要分清命定之命与性命之命。对于前者，我们可以而且只能说，命不能决定道，道也不能决定命，二者各行其是。对于后者，我们可以而且必须说，性是由命决定的，由性而成之道，当然也是由命决定的。但是，问题的复杂性还在于，这两种命虽然有层次的不同，却都是自然界给予人的，而自然界是一个整体，人的生命也是整体。因此，二者又不是截然分开，各在一处，更不是主客、内外二元对立。孟子的思想，正是要在这里作出细致的区分。

> 口之于味也，目之于色也，耳之于声也，鼻之于臭也，四肢于安佚也，性也，有命焉，君子不谓性也。仁之于父子也，义之于君臣也，礼之于宾主也，知之于贤者也，圣人之于天道也，命也，有性焉，君子不谓命也。②

这是孟子全面表述其性命学说的重要文字，怎样理解这段文字就成

---

① 《梁惠王下》16、14章。
② 《尽心下》24章。

为理解孟子学说的关键。

孟子实际上不仅提出了命的二重性问题,同时也提出了性的不同层面的问题,并由此论述了天命与人性之间的关系,其中既有生命整体观,又有分层理论。

口、目、耳、鼻、四肢是人的感性存在,其功能则是对味、色、声、臭、安逸的知觉及欲求,这都是人的自然需要,是自然界给予的,既是性,也是命。从其来源说,它是命;从其禀受说,它是性。但这个性,是生物层面的性;这个命,是物理层面(生物性从广义上说,亦属物理层面)的命。但是,君子为什么"不谓之性"呢?照孟子所说,因为这是"小体",不是"大体"。耳目之官等小体,只能"物交物"而不能"思",正因为不能"思",所以容易被外物所引诱。一旦被外物所引诱,其性也就跟着"逐于物"而改变,丧失人的自然本性了。因此,君子不轻易地说,耳目等等之欲就是性。

但这并不是说,耳目等等之欲根本不是性。它还是由命而来之性,只不过由物理层面的天命而来的生物性。孟子承认生物性是人性的组成部分,这是人与动物的共同性。但对人而言,只承认这个层面的性,就无法区分人与动物了。事实上,这个层面的性也是很重要的,它是实现人性的身体基础。"形色,天性也。惟圣人然后可以践形。"①形色之性指身体容貌,也是由天即自然界给予的,是天赋人性,故称"天性",其中包括耳目等等官能。这是人的道德实践

---

① 《尽心上》38章。

的感性基础。"践形"是儒家学说的重要内容,儒家学说是强调实践的,以实践为其宗旨的,而实践则是感性的,不是一种概念上的推演。但是,如果没有"思"的指导,不仅不能有真正的道德实践,而且随着感性欲望的膨胀,就会改变人的天性。

从命的方面说,又是一种限制。这正是物理、生物层面的命的基本特点,它是受自然界因果关系支配的,生死、贫富、贵贱等等就是如此。求富贵,本来是人的天性,"欲贵者,人之同心也"。① 这所谓"同心",即是出于感性物质方面的需求,是人人之所同;但是,能不能得到,则是由命决定的,不是由人决定的。正是从这个意义上说,这个命是外在的,是"求在外者",因此,孟子说,"君子不谓性也"。

至于仁、义、礼、知、天道,则是人所特有的,是由目的、价值意义上的自然界赋予的,因此,它既是性,也是命。这个性已超出了生物性,是人之所以为人的道德本性,是由心之"思"而得到的,即理性的,也是内在的。但这所谓"内在",不是说,完全由人心决定的,与自然界毫无关系,并且与自然界彻底二分,完全对立。它也不是完全超越的,即超越自然界之上,是一个绝对的精神实体。它与自然仍有一种内在联系,只是超越了物理层面的自然界,却不能说超越了整个自然界。从这个意义上说,孟子所提倡的理性,是一种"自然理性"或"自然目的理性",不是所谓"超绝理性"。

---

① 《告子上》17章。

仁义等等之性既然是天所赋予的,是"天之所与我者",孟子为什么说"君子不谓命也"? 这是一个非常有意思的问题。

有些学者常常把这个"命"字说成是虚的、空的,意思是根本没有这样的命,或者只是一种道德必然性的表述,但不是来自自然界,而是来自人的纯粹理性,并由此说明孟子是主体论者、自律论者。我认为,说主体论、自律论是可以的,但与西方式的二元对立的主体论以及"人为自己立法"的自律论是完全不同的。孟子所说的"君子不谓命",并不是说没有这个命,而是说,当天命赋予人以性之后,人真正成为"实现原则"(牟宗三语,我认为这句话说得很好,但解释上可能不同),因而具有自主性。因为命完全内在化了,变成人的"主体意识"了。但是这所谓"主体",只是相对于物质自然而言的,其实,它就是自然目的和价值的实现。这个意义上的命,其实是"潜在"的,其真正实现者则是性。因此,孟子说:"命也,有性焉,君子不谓命也。"[1]"不谓命"是说,不从命上说,只从性上说,性就是命;但是不能说,没有命这回事,或者说,命只是性的普遍必然性的表述,而不具有宇宙论的意义,性则是完全由人的理性决定的。

因此,无论从哪个层面上说,性命都是合一的,正是这种合一,为天人合一论奠定了理论基础。而命的不同层面的意义,对于解释人的生命意义及现实处境是有作用的。有些事人为什么不能自己做主、自己决定?而有些事则能够而且只能由自己做主、自己决定?

---

[1] 《尽心下》24章。

孟子并没有将前者统统归之于命,而将后者完全说成是性;但是,对于人的生命意义和价值而言,前者可以说是外在的,后者可以说是内在的。但这又不是绝对的,即不能说,前者只是外在的而与内在性无关,后者只是内在的而与外在性无关。人的内在本性不仅是自然界生命进化与道德进化的结果,而且靠人的外在的形体实践而实现出来。而且,人不能没有耳、目、口、鼻之欲。满足生物性的欲望,不仅是人的生命的需要,而且是支撑道德生活的基础。这在孟子看来,是不言而喻的。

但是,就其重要性而言,孟子显然将道德性置于生物性之上,而且强调人的自主性。当二者发生冲突时,只能舍弃后者,保持前者。

五、天人合一

前面所谈,都是天人合一的问题,只是侧重在天的方面。现在所谈的,主要是侧重于人的方面,或从人的方面来谈天人合一。应当说,天人合一的真正实现,只能是人的问题,是人的生存方式的问题,或生活态度的问题,即如何与自然界相处的问题,就孟子与中国哲学而言,可说是心灵的问题。

从天的方面谈天人关系,是宇宙论、本体论的方法,亦即顺推的方法,由天到人是一个"生成"的问题,"进化"的问题。以上的讨论都在说明,人与自然界有生命的内在联系,天即自然界是人的生命之源、价值之源。这一结论正是通过"思"与"践形",即精神反思与生活实践取得的。

从人的方面谈天人关系,是存在论和境界论的方法,亦即逆推的方法,由人到天是一个生命提升的问题,人生修养的问题,而不是回到人类的原始状态。就孟子而言,他提出了"知天""事天"和"立命"的主张和方法,由此确立了人在自然界的地位及作用。孟子说:

> 尽其心者,知其性也。知其性,则知天矣。存其心,养其性,所以事天也。殀寿不贰,修身以俟之,所以立命也。①

"知天"是从思想上、精神上与自然界实现统一,"事天"是从实践上、修养上与自然界实现统一,"立命"则是人生修养的终极关怀,亦即"安身立命"的问题。这可以说是孟子哲学思想的纲领。

但是,怎样才能"知天""事天"呢?这是一个心性的问题,而心性论正是孟子哲学的核心。关于心性论,以后还要详细讨论,这里只从人与天的关系的角度谈谈这个问题。

前面说过,孟子有"大体""小体"之说,心作为"大体",既然是对"小体"而言的,那么,对于人的生命而言,它就是最重要的。这不仅是说,心能够主导、决定人的一切活动,正如孟子所说,"先立乎其大者,则其小者不能夺也"②,即心能主导耳目等等感性活动,而耳目等等则不能改变心的活动;而且是说,心是真正体现人的生命价值的

---

① 《尽心上》1章。
② 《告子上》15章。

载体,也可以说是主体。但这所谓"主体",决不是与自然界完全二分的对立主体,而是作为自然界的价值的实现者而存在的统一主体,二者是互相转化的。当自然界的价值转化为性之后,就是由人心来实现的,离开人心,便不能谈论自然界的价值这个问题。

自然界的价值是由生命目的决定的,自然目的是自然界生命创造的内在力量,同时表现为生命创造的有序化的过程。凡自然界的生命都有目的性,自然界的生命现象都能用目的性学说进行解释;但是,其最高目的即道德目的则只能由人来实现,因此,人就是目的。这里并没有超自然的神作为道德目的的最后根源,如同康德所说。康德承认生物界有目的性,认为这就是"自然目的",并且说:"自然的有机体和我们所知道的任何因果作用是毫无类似之处的。"① 这说明,康德也区分了"自然目的"与"因果作用"的不同层面,即生命世界与物理世界的不同层面。他甚至承认,"在最广泛的意义上,我们自己也是自然的一部分"②。这是一个很好的见解。但是,他不承认自然界是一个有机整体,或生命整体,而基本上是看作一个物理的世界;他更不承认人类的道德目的与自然界有任何关系,只能在自然界之外寻找答案。在他看来,要解决道德目的论的问题,就只能建立一种神学。"道德的目的论就补充了自然目的论的不足而第一次建立一种神学。"③"如果我们要树立一个与道德律

---

① 〔德〕康德:《判断力批判》下,韦卓民译,北京:商务印书馆1987年版,第23—24页。
② 同上书,第24页。
③ 同上书,第112页。

的需要相符合的最后目的,我们就必须假定有一个道德的世界原因,那就是一位创世主。"①康德完全是用西方"天人相分"的思维来思考人与自然的关系这一问题的,换句话说,是在人与自然决然不同的二元对立的思维中思考问题的。人作为主体,不仅具有理性,而且要为自然立法;但是,当要解决人类道德的"最后目的"这个问题时,却只能诉之于神学,假定一个创世主。因为在他看来,只有神才能成为道德的"最后目的",自然界是不能承担这一诉求的。康德说:"而想要从自然得出道德的证明来这种企图,是会被发现为不足以证明它所要证明的。"②物理的神学或自然目的论的神学,可以作为神学本身的一种"预备知识",因为通过自然目的的研究,能"引起我们对于最后目的的观念",但"这种最后目的不是自然能显示的"③。他把自然目的仅仅理解为生物有机体这个范围之内,自然界本身仍然被看作是物理的世界,即机械因果的世界,而自然目的从根本上只能服从这个世界。因此,他认为用自然目的得出道德的证明是不可能的。但是,他提出的神学目的论更是无法证明的,因此,只能是理性为了使用方便而提出的"假设"。这一点,康德本人也是承认的。

但是,在孟子思想中,自然界虽然有不同层次的意义,却又是一个不断创造、不断生成的生命整体,从根本上说,自然界不是一个物

---

① 《判断力批判》下,第119页。
② 同上书,第155页。
③ 同上书,第163页。

理世界，而是一个生命世界。其次，人不仅仅在物理、生物层面上是自然界的一部分，而且整个生命都是自然界的一部分，人的形体生命是自然界给予的，人的"道德律"也是自然界给予的，是"天之所与我者"。而这一点正是康德和西方哲学家不愿也不敢承认的。因为在他们看来，如果承认这一点，就是将人降低到自然生物水平，抹杀了人的理性能力，或"主体意识"。但是在孟子看来，这正是人的主体性之所在。

人虽然是自然界的一部分，却是不同于其他动物的特殊部分，这就是人有人心。其他动物也有心，但不同于人心。其最大不同就在于，人心才是道德目的的承载者，其实现则在于人自己，不在别处。其"最后目的"或"终极目的"既不是超自然的创世主，也不是人的理性的需要和"假设"，而只能是自然界本身。来自自然，又回到自然，这就是人生的全部秘密。但是，这所谓"回到自然"，不只是生死问题，更重要的是实现人生价值的问题，是"安身立命"的问题，说到底，是一个心灵境界的问题。

孟子为什么说，"尽其心"则"知其性"，"知其性"则"知天"呢？因为实现天人合一的境界，全在"尽心"上。"尽"是全部实现和扩充的意思。天所与之性虽在心中，但这只是一个根苗、萌芽，它只表明"自我实现"的可能性与必要性；因此，人要爱护它，保护它，扩充它，实现它。而"尽心"的主要方法就是"思"，这是存在意义上的思，不是对象认识和概念推理的思。而要"存心"，其主要方法则是"养"，这是指人的实践即自我修养。"尽心"和"存心"二者是不能分开的，虽然都是讲心,却是"尽"其心之所"在","存"其心之所"存",不只是讲心之官能。"思"之所以重要,就在于它确实是理性的,但它决不是无源之水,无本之木,它的根源只能是自然界的生命创造及其目的。"思"作为理性形式,是以"性"为内容的,"性"就是天所"与"人的道德价值,它不是形式"理念",而是道德情感的"扩充",因此说,尽心便能知性,知性便能知天。"知天"就是最终知道天的价值意义,原来就在自己的心中,却又不是以心为天,而是以心为"天命"之所"在"。"事天"则是从实践上存心养性,完成自然界赋予人的使命,以敬畏之心对待自然界。这就是孟子的天人合一之学,也就是"立命"之学。如果说孟子有敬畏之心,那么,他所敬畏的,就只能是自然界。这也是他的"立命"之说的意义所在。

孟子又说:"夫君子所过者化,所存者神,上下与天地同流,岂曰小补之哉?"① 这是讲天人合一境界的实际作用及其表现。实现了这种境界的君子,所到之处,无不起到感化作用;而其所"存"之心,则神妙莫测,不可形容。所谓"上下与天地同流",正说明人心与自然界的生命流行同运同行,完全合一,这才是真正的自由,而不是在别的什么地方寻找生命的自由。因此,这不是小小的补益,而是人生的最高境界,也是人生的最高成就。

---

① 《尽心上》13章。

第五讲

生态学说

一、自然生态
二、"仁民爱物"
三、养形与养心

一、自然生态

在孟子的学说中，有非常丰富的生态学的内容，值得单独进行讨论。

孟子的天人合一说，为他的生态观奠定了理论基础；而孟子以仁为核心的广义伦理学，则为他的生态观提供了基本内容。

孟子很重视自然生态环境的保护和发展。他认为，自然生态环境是人类生存发展的最基本的条件，也是人类生命活动的重要组成部分。孟子对自然界的万物有一种发自内心的生命关怀和亲近感，认为万物各有其生存的权利和价值，都是自然界的一部分，它们和人类一起构成和谐的生命秩序。孟子的生态观是一种深层生态观或哲学生态观，决不仅仅是从人类利益出发的那种浅薄的所谓环境保护意识。

人类生存在地球上,既享受到自然界所提供的一切生活资源,也会遇到各种各样的困难。前面讨论过,物理层面的自然,是受各种因果关系支配的,从这个意义上说,自然界并不都是"善"的,特别是对人类而言,就更是如此。因此,人类的生存要面对各种各样的自然现象,包括自然灾害。这就需要克服这些困难,创造更好的生存条件。中国历史上的治水故事,就是如此。但是,如何治理,才能使人类与自然和谐相处呢?——因为只有与自然和谐相处,才是人类最好的生存方式。在这个问题上,从一开始就存在着不同的主张和办法。

相传在尧的时代(即原始部落时代),洪水泛滥,到处成灾,尧命禹的父亲鲧去治水。鲧使用的是堵塞和筑坝的方法,即用人力强行改造水道以"战胜"水害,但是结果失败了,不但没有治好,反而引起新的灾难。尧于是又命禹去治理。禹使用了完全不同的方法,即顺其水性而疏导之,使其流入长江、淮河、黄河、汉水,最后流入大海。禹的方法成功了,并且造福于子孙后代,使人民受益无穷,禹于是成为中国历史上的大英雄。

孟子对禹的治水之道推崇备至,并从中总结出深刻的生态理论,使其成为指导人与自然和谐相处的根本原则。孟子说:

> 当尧之时,水逆行,泛滥于中国,蛇龙居之,民无所定;下者为巢,上者为营窟。《书》曰:"洚水警余。"洚水者,洪水也。使禹治之。禹掘地而注之海,驱蛇龙而放之菹;水由地中行,江、

淮、河、汉是也。险阻既远,鸟兽之害人者消,然后人得平土而居之。①

当洪水泛滥之时,龙蛇等动物在大地上到处活动,而人民却没有安居之处,住在低处的人只能在树上搭巢而"巢居",而住在高处的人则深挖洞穴而"穴居"。这个描述真实地反映了原始初民的生活情景。中国历史上的治水活动,被看作是一件惊天动地的大事,它实际上是人类文明初期的一次伟大实践,也是一次伟大尝试。而大禹治水的成功经验,则预示着中华文明的真正开始。大禹治水的事迹经过孟子的描述和评论,已经成为千古流传的佳话,也成为中华民族智慧的结晶,应当引起今人的深思。

照孟子所说,大禹治水之所以成功,就在于他不是用违背水性、破坏自然的办法战胜水患,而是以顺应水性、尊重自然的办法进行疏导。这是一种"行其所无事"的大智慧,不是那种显示人力、卖弄聪明的小智慧所能办到的。这当然不是说,不需要付出艰辛的努力和劳动,禹"三过其门而不入"②,连教育儿子的时间都没有,就说明他是全身心地投入到治水之中了;问题是,运用怎样的智慧才是处理人与自然关系的正确方法?正是在这里,才有大智慧的问题。

所谓"掘地而注之海",就是依据水性"润下"的特点,进行疏导,使其流入大海。"掘地"是指疏通河道,使水顺流而下,畅通无阻。

---

① 《滕文公下》9章。
② 《离娄下》29章。

这与违背水性强行筑坝的做法是截然相反的。所谓"水由地中行",看起来很平常,没有任何深奥之处,但是,却包含着深刻的生态思想。水进入地中,就意味着生命的生长,水行于地中而成江河,其沿河流域就会形成很好的生态系统。这是按照自然界生态循环的规律进行治理。这不仅使"地脉"得以顺畅,而且促进了江河流域各种生物的繁殖成长;不仅改善了人类的生存环境,而且为人类提供了源源不断的水资源。孟子的这一思想,至今对我们人类仍有极大的教育和启示作用。人类经过几千年,特别是近现代以来的生活实践,现在才慢慢懂得,筑坝蓄水等人为的方法虽然可以获利于一时,却不符合自然生态的发展,实际上是最大的失败。因为它严重地破坏了自然界的生态系统。但是,值得深思的是,现在仍然有人继续用这种方法"造福于人类",其结果是,不仅洪水成灾,而且更严重的是导致了水源枯竭。这实际上是在新的条件下重复几千年前已被证明是错误的鲧的治水方法。

"驱蛇龙而放之菹",则是保护自然生态的又一个重要举措。野生动物需要适宜其生存的环境和条件,"菹"即草木沼泽之地,就是最适合于它们的生存环境。当洪水成灾时,到处有沼泽,因而到处都可以居住,但是,却影响到人类的生存。治理洪水,当然是为了人类的生存;但是,同时又要考虑到动物的生存,其办法就是将它们"驱"而"放"之,放到适合其生存的草泽森林之地,从而远离人群。这样,人类与动物都有了各自的生活"领地",而互不侵犯,同时又维护了自然界的生物多样性,各得其所,各适其性,和谐相处。

孟子对野生动物用"驱"和"放"两个字,而不用"杀"字,是很有深意的,也是值得今人深思的。这实在是保护动物的一种生态学的伟大思想。在上古时代,沼泽森林之地是很多的,完全能够满足动物生存的需要,这就是"放之菹"的充分理由;不像现在这样,森林湿地已被人类大量开发破坏,以至许多动物已无栖息之地而灭绝,有些动物则面临灭绝的危险。据可靠记载,直到商周之际,我国北方广大地区,森林茂密,虎豹出没,有很好的生态环境。孟子说:"周公相武王诛纣……驱虎、豹、犀、象而远之,天下大悦。"①这是很能说明当时的真实情况的。"驱而远之",是指使它们远离人群,回到森林之中。这与"杀而灭之"的办法是决然不同的。"人们不一定在一次或几次大规模杀戮中便可消灭所有猛兽,但是如果大开杀戒,不断地杀下去,用不了很久,就会将这些动物消灭。这里有文化的问题,有人类对待自然界的态度问题。"②"放"与"杀"虽一字之差,却说明了古人保护动物、维护自然生态的伟大智慧。

大概到了孟子生活的时代,情况已经发生了变化,很多森林草地已被开发而且进一步被开发。这固然与人口的增长和经济发展有关,但同时在处理人与自然的关系的问题上出现了不同的声音。当时的法家,有一个重要主张,就是"辟草莱,任土地",即开垦草地森林,用来耕种粮食。保护森林草地,是孟子的一个重要主张,因

---

① 《滕文公下》9章。
② 蒙培元:《人与自然》,北京:人民出版社2004年版,第148页。

此,他是反对"辟草莱"的。

> 今之事君者皆曰:"我能为君辟土地,充府库。"今之所谓良臣,古之所谓民贼也。君不乡(同向)道,不志于仁,而求富之,是富桀也。"我能为君约与国,战必克。"今之所谓良臣,古之所谓民贼也。君不乡道,不志于仁,而求为之强战,是辅桀也。由今之道,无变今之俗,虽与之天下,不能一朝居也。①

孟子所说,正是指法家以"富国强兵"为目的的"耕战"之术。法家曾经被认为是"改革派",儒家被认为是"保守派",关于儒法之争(在"文革"中曾经鼓噪一时),这里不去讨论。就"辟土地"而言,孟子的批判态度,除了表明他与法家有不同的经济主张之外,还表明了他有强烈的生态意识。孟子将人与自然的和谐发展,视为仁政、王道的重要组成部分,对自然界的生命也要施之以仁(下面讨论)。"辟草莱"、"任土地"而毫无顾忌,必将破坏自然生态,所以孟子坚决反对。他甚至主张,对于这样的人,应当罚以重刑。"故善战者服上刑,连诸侯者次之,辟草莱、任土地者次之。"②善战者就是杀人者,连横合纵之人也是争城争地而发动战争之人,凡杀人者孟子都是反对的;那么,"辟草莱、任土地"之人,为什么要服重刑呢?因为他们要"充府库",除了供统治者享受之外,也是为战争提供物质条件的。这是直接的目的;但是,其后果则是自然生态的破坏。关于后一点,

---

① 《告子下》9 章。
② 《离娄上》14 章。

孟子虽然没有直接说出,但又是题中应有之义,因为这是与他的广义的仁政联系在一起的。

对于自然资源,孟子是主张尽力保护的。人类一方面需要从自然界索取生活资源;另一方面,又要保护这些资源,使其能够生长、繁衍,维持可持续发展。因此,决不能乱砍滥伐,"竭泽而渔"。孟子说:

> 不违农时,谷不可胜食也;数罟不入洿池,鱼鳖不可胜食也;斧斤以时入山林,材木不可胜用也。谷与鱼鳖不可胜食,材木不可胜用,是使民养生丧死无憾也。养生丧死无憾,是王道之始也。①

"不违农时"是农业生产应遵循的基本原则,农作物的生长,需要一定的气候条件,当然也需要优良的土壤和雨水。人不能"揠苗助长",只能遵循自然生长之道。但是,只有保护自然环境,才能"风调雨顺",有利于作物生长。其中,便有水资源的保护和利用的问题。水是生命之源,这是一个基本的常识;但是,能不能自觉地意识到这一点,经常做到"饮水思源",就是另一回事了。孟子之时,水资源并不缺乏,自然界能够"油然作云,沛然下雨"。但是,孟子能自觉地意识到水对于生命的重要性,对于人类生活的重要性,因此,他很关注这个问题。"民非水火不生活。"②这是一句大实话,却被许多人所忽

---

① 《梁惠王上》3章。
② 《尽心上》23章。

视。但是,怎样才能保证水的充足供应呢?只有有源之水才能保证,无源之水则无法保证。

> 徐子曰:"仲尼亟称于水,曰:'水哉!水哉!'何取于水也?"孟子曰:"源泉混混,不舍昼夜,盈科而后进,放乎四海。有本者如是,是之取尔。苟为无本,七八月之间雨集,沟浍皆盈;其涸也,可立而待也。"①

这本来是一个比喻,用来讲人格修养的。有内在美德的人,其"声闻"即名声自然而来,空有名声而无内在美德之人,其名声是不能长久的。"故声闻过情,君子耻之。"②但是,孟子不但善于比喻,而且以此作为论证他的哲学思想的主要方法,这就是类比逻辑的方法。他的论证常常具有两重意义,即除了说明被比喻者的意义之外,同时还能说明比喻者的意义。在《孟子》一书中,这类例子很多,水的例子就是其中之一。孔子极其称赞水③,就因为水与人类生命有非常密切的联系。孟子之所以引用孔子的话,并进行发挥,也是为了说明这个道理。孟子最赞赏也最希望的是水的"源泉混混,不舍昼夜,盈科而进",这才是有源之水。人的生命就是靠有源之水而得以维持的。"流水之为物也,不盈科不行"④,"盈科"就是流满了低洼之地,只有有源之水才能流满所有低洼之地而不断前进,否则,很快就

---

① 《离娄下》18章。
② 同上。
③ 《论语》中不见此语,说明在后来的流传中被删除了。
④ 《尽心上》24章。

干涸了。那么,怎样才能使水源源不断而流呢?这正是孟子向后人提出的问题!

其实,孟子已经作出了回答。联系到孟子关注对自然生态的保护以及反对"辟草莱"等主张,便能明白,只有保证水源不受破坏,形成良好的生态环境,水才能源源不断而来。

"数罟不入洿池"、"斧斤以时入山林",则是保护鱼类和森林的有效措施。"数"(shuò)者细也,"洿"(wū)者大也、深也,这是说,不要用细网到深池中去捕鱼,那么,鱼类就会源源不断地生长而供人们食用了;"斤"也是斧,这是说,砍伐树木的斧子不能随便进山,而要到一定的时候才能进山,这样,树木就能够健康生长,而木材也就取之不尽了。孟子的这些主张在当时已经成为儒家的共识,并且以法令的形式被固定下来,成为保护自然资源的重要措施了。只要看看《礼记》中的《曲礼》《檀弓》《王制》《月令》《玉藻》《祭义》《坊记》等文献中的记载,就会明白,古人是如何保护自然资源的。比如说,"春三月,山林不登斧斤"。① 春天正是万物生长的季节,因此禁止在这个季节进山砍伐树木,只有等到"草木零落,然后入山林"②,即冬季草木落叶之后,才能进山伐木。即使是冬季,也不能任意砍伐小树,只能砍伐那些长到一定年龄和尺寸的树木。兽类鱼类也是如此。"木不中伐不粥于市,禽兽鱼鳖不中杀不粥于市。"③ 不到砍伐尺

---

① 《逸周书·大聚解》。
② 《记礼·王制》。
③ 同上。

寸的树,不能在市场出售;不到捕杀程度的动物,也不能在市场出售。这说明,古人对于砍伐和捕捞,有非常严格的规定。通过这些具体规定,不仅保证了可持续发展,而且使人民树立了生态意识。孟子正是从理论上阐述了这些观念。中华民族能够生存、发展几千年而不衰,与这些生态保护的观念和措施有直接的关系,决不可漠然视之,更不可麻木不仁。

二、"仁民爱物"

"仁民爱物"是孟子的广义伦理学,也是生态伦理学。孟子的生态观包括家庭、社会、自然在内的广义生态观,其核心是仁爱。

众所周知,孟子有著名的"人禽之辩",其目的是说明人与动物的区别,即人有道德性而动物没有。但是,区分之后又怎样呢?是不是说,人比动物更高贵、更优越,因而可以而且应当对动物施暴呢?或者说,只有人有价值,而动物没有自身的价值,如果有价值的话,只是对人有使用价值呢?人们常常只看到孟子对人与动物的区分,却看不到或忽视了孟子为什么要进行这样的区分。其实,后一个问题才是最重要的。

孟子说:

> 人之所以异于禽兽者几希,庶民去之,君子存之。舜明于

庶物,察于人伦,由仁义行,非行仁义也。①

值得注意的是,孟子认为,人与动物的区别只有"几希",即很微小的那么一点点。正因为如此,一般人才容易丢弃,而只有"君子"才能保存。这又能说明什么呢?至少能说明三个问题。

第一是说明,人与动物不是在所有方面都有区别,而是正相反,二者有许多共同性。这实际上是说,人也是动物,是动物中的一类。从这里引出的结论就是,人与动物有生命的联系或延续性,决不可将人类看作与自然界的动物毫无关系的另一类高贵而特殊的"精灵"。但是,有些哲学家和宗教神学家(西方)却正是这样看的。他们认为,人不是自然界的产物(由进化而来),也不是自然界的一部分,而是特殊智能(变相的上帝)"设计"的。无论是过去的"上帝造人说",还是现在的"智能设计说",都割断了人与自然的生命联系,割断了人与其他动物的生命联系。孟子却正好相反,认为人与动物有很多共同之处,区别只有那么一点点。指出这一点非常重要,它能说明孟子何以要提出"爱物"之说。

第二是说明,人与动物的这一点点区别是重要的,或者说是本质性的(是不是完全本质的区别,还值得研究)。正是这一点区别,使人成为与动物不同的"类",但这是"类"中之"类",即小类而不是大类。人这一"类"对于大类而言是特殊性,对于同类而言则有共同

---

① 《离娄下》19章。

性,对于别一类而言则表现出相异性。因此孟子说:"故凡同类者,举相似也,何独至于人而疑之?圣人,与我同类者……若犬马之与我不同类也……"①圣人与我是同类,说明圣人是人而不是神,这就与那种将圣人视为神(上帝之子和代言人)的观点区分开来;而"犬马之与我不同类"的说法,则将人之所以为人的特殊性显示出来了,同时也就引出了人在自然界的地位和作用这个根本性的问题。

第三是说明,人与动物的这点区别是先天的,或先验的(先天与先验并不相同,在此不论),但关键在于后天的"存"与"放",并由此而分出"君子"与"庶民",能"存"者为"君子",不能"存"则与动物差不多了。这里的"君子"与"庶民"完全是从人格修养上说的,并不含有对"庶民"的先天性的歧视,但是,却隐含着对"君子"的责任和义务的期待。孟子举出他理想中的圣人舜,说明其能"明于庶物",即明白而通达事物之性,"察于人伦",即体验而察识人类的伦理,就是证明这一点的。"庶物"是指人类所有的活动及其对象,其中便包括自然界的万物;"人伦"是指人类活动应遵循的重要原则,它不是别的,就是仁义,这是人所特有的。理想中的圣人,能出自内在本性去实行仁义,而不是将仁义变成工具或手段,这说明"行"本身就是目的,不是为了达到别的什么目的。同样的道理,"由仁义行"不仅仅限于家庭、社会的范围之内,而是包括自然界万物在内的普遍的伦理行为。这正是孟子为什么要区分人与动物的真正目的。

---

① 《告子上》7章。

仁的本质是爱,这是孔子以来关于仁的根本思想。仁本来是人的最高德性,既是天赋的,又是内在的,天人之间本来就有内在联系,而不是二元式的外在关系。但是,当仁实现出来的时候,就与外物(包括人与物)发生了关系,变成一种伦理,这就是"德性伦理"。孔子说,仁者"爱人"①。孔子首先着眼于人与人的关系;但是,孔子已经有"爱物"的思想②,孟子的发展就在于,明确地提出了"爱物"之说,因而建立了哲学生态学。

孟子认为,仁是人的普遍德性。"仁也者,人也。合而言之,道也。"③用仁来解释人,说明仁是人的本质规定,也就是人之所以异于动物的本质所在。仁与人合起来便是道,说明人除了仁,还有其他规定,其中便包括动物性。这个"道",就是天人合一之道,也是《中庸》所谓"率性之谓道"之道,其实现便是普遍的爱。其中包括人与自然界的万物,都在所爱的范围之内。但是,这种爱又是有差别的,爱父母甚于爱其他人,爱人又甚于爱物。但是,虽有差别,却又是同一个仁的不同应用。这是可能的吗?按照孟子的思想,这不仅是可能的,而且是很自然的。

> 君子之于物也,爱之而弗仁;于民也,仁之而弗亲。亲亲而仁民,仁民而爱物。④

---

① 《论语·颜渊篇》22章。
② 见《蒙培元讲孔子》,第71—75页。
③ 《尽心下》16章。
④ 《尽心上》45章。

孟子提出"亲亲""仁民""爱物"的差别,就是根据仁的对象的不同而表现出来的具体差别;但是,仁是爱这一本质并无不同。在孟子看来,这种区别是一个"自然原则",并没有什么难以理解之处。这种区别,出于人类情感的自然发展。仁不是别的,就是恻隐之心、不忍之心的"扩充"。恻隐之心是对生命的同情、爱护和尊重,出于生命"感同身受"的内在情感。人没有不爱自己生命的,"人之于身也……无尺寸之肤不爱也,则无尺寸之肤不养也"[①]。正是出于对自身生命之爱及其养护,才能对其他生命有恻隐之心、不忍之心,因为在生命的意义上,人不仅与他人是相同的,而且与一切动物也是相通的,因此,便有对生命恻隐之心这种情感。"仁者,无不爱也。"[②]这是一个全称判断,仁者之爱,不仅是对人这一"类",而且是对一切生命之物的广泛的爱。这就是仁的普遍性。这是一种普遍的生命关怀、生命意识。

所谓差异性,即"爱有差等",这是根据仁的对象与自身的生命关系的远近和亲疏程度而产生的。父母是最亲近的,这是一个自然的事实,人也有自然性。这不仅是由于子女和父母有血缘关系,而且由于人的最初的生命活动是在家庭度过的,是在父母的养护、照料之下度过的,他最先接触的也是父母兄弟。因此,对父母有依恋、爱慕和报答之心,这是"人之常情",不能因为人有独立性、自主性而

---

① 《告子上》14章。
② 《尽心上》46章。

抹杀了"亲情"。家庭和谐是社会和谐的基础,这也是一种生态,其中包括心理情感上的健康、和谐的发展。孔子所说的"安"与"不安",就是如此。

孟子是很重视亲情关系的。他说:

> 仁之实,事亲是也;义之实,从兄是也;智之实,知斯二者弗去是也;礼之实,节文斯二者是也;乐之实,乐斯二者,乐则生矣;生则恶可已也,恶可已,则不知足之蹈之手之舞之也。①

所谓"仁之实",是不是指仁的实质,这是可以研究的;在我看来,主要是讲仁的实质内容,是从"事亲"开始的。父母是最亲近的,因此,仁首先从父母开始。父母之外,就是兄弟,因此,义从兄弟开始。智和礼,也是从这里开始。乐的问题,很值得玩味,从"事亲""从兄"中得到的乐趣是无穷无尽的,也是无法停止的,因此会不知不觉地手舞足蹈起来。

但是,仁难道只限于"事亲"吗?当然不是。"事亲"虽是仁的最真实、最亲切之处,从"事亲"中才能体会到仁的真实意义,但决不能以"事亲"为仁之所限,即不能将仁仅仅限制在"事亲"的范围之内。仁的实现是从"事亲"开始,推到他人乃至他物,而"无不爱",这才是"人之所以异于禽兽者"的意义所在。"老吾老,以及人之老;幼吾幼,以及人之幼"②,将尊敬我的老人之心推到别的老人,将关爱我的

---

① 《离娄上》27章。
② 《梁惠王上》7章。

幼小之心推到别的幼小,这就是"仁民"。因此,"亲亲"与"仁民"是一贯的,虽有亲疏远近之不同,却没有实质的区别,更没有贵贱之别。因为人既然以仁为其本性,而仁的本质就是爱,那么,"仁者爱人"①在本质上就是一样的。换句话说,"差等"只是程度上的,却不是根本性质上的区别。人的情感有深浅的不同,不可能像数学一样进行量化,也不可能像形式逻辑一样,要么是完全相异,要么是完全相同。

"仁者爱人,有礼者敬人。爱人者,人恒爱之;敬人者,人恒敬之。"②社会上人人互相尊重,互相关心,以仁相向,以礼相待,就会形成社会和谐,这也是一种生态——社会生态。

最值得重视的是,孟子突破了人类界限,将仁推行到自然界的动物,提出"仁民而爱物"之说,确立了人与自然之间的生态伦理,这是对人类如何生存发展的问题所作的最有远见的回答,也是对人类文化的杰出贡献。今天研究孟子思想,应当特别关注他的这些论述。"爱物说"的提出,正是出于人的恻隐之心、不忍之心,基于对动物生命的尊重和同情。这是一种非人类中心主义的生态意识和生命关怀,即不仅仅是从人类的利益出发,对动物进行保护;而是承认动物也是生命,有情感,有知觉,有生命价值,有生存的权利。

孟子从齐宣王"以羊易牛"的故事,看到人人都有对动物的不忍

---

① 《离娄下》28章。
② 同上。

之心,不忍动物被杀时的"觳觫"①,即恐惧的样子,并从这里引申出仁政学说。"率兽而食人"是直接违背仁政的,但是,虐杀动物也是仁政所不允许的。换句话说,爱护动物也应是仁政的重要内容。从这次谈话可以看出,孟子认为动物是有情感的,"觳觫"即恐惧,就是动物的情感表现,这是同人类的情感相通的,看见动物被杀时的恐惧之情,人就会产生"不忍"之心。正是这种"不忍"之心,促使人类去爱护动物,保护动物,而且只有人类才能做到;因为只有人类才有这点"不忍"之心。这正是人类的伟大之处,也是人类的责任和义务之所在。

> 君子之于禽兽也,见其生,不忍见其死;闻其声,不忍食其肉。是以君子远庖厨也。②

为什么君子看见活生生的动物,就不忍看见它们被杀呢?又为什么听见动物的悲惨叫声,就不忍吃它们的肉呢?这就不只是认识的问题,而首先是一个情感的问题。人是有情感的,是情感动物而不只是理性动物;动物也是有生命有情感的,动物的生命情感与人的情感是相通的。看见动物活生生的样子,就会感到喜悦,如同自家生命一样,同时也会感到心安,与之和谐相处。这既是人类的需要,也是动物的需要。但是,如果看见动物被无故杀死,心里就会不忍,就会有伤痛,同时也会感到不安。这里有道德责任的问题。人类的仁

---

① 《梁惠王上》7章。
② 同上。

心,不仅对人民要有爱心,而且对动物也要有爱护之心。这不是出于功利的目的,即是否对我有利,而是出于生命目的本身。

"闻其声,不忍食其肉",也是同样的道理;但是,这里涉及食肉的问题。孟子并没有提出素食的主张,因此,只能做到"远庖厨",即远离厨房,以免亲自看到或听到动物被杀,却不能做到不食肉。这一点很容易引起争议,以为孟子不能自圆其说或持自相矛盾之说。这实际上是人类长期发展所形成的生活习惯、生理需要和道德情感及其道德伦理之间的关系问题,二者之间似乎并不是完全一致的,有时甚至是有冲突的。为了满足道德情感的需要,可以"远庖厨",但是并不能禁止对动物的宰杀。对此,不能持绝对主义的观点。当人类的道德责任与实际的生活习惯、生理需要出现不一致的时候,即使是服从后者,也要尽量做到符合道德原则。现代人也不能完全做到素食。但是,对动物有没有恻隐之心、不忍之心即同情、尊重和爱护之心,并且能不能在可行的范围之内做到保护,却又是大不相同的。现代西方文明社会,已经能够做到宰杀动物时不使其受到痛苦,或尽量减轻其痛苦。这就是一个很大的进步。这与孟子的思想是完全一致的。孟子时代,还没有现代社会的先进技术和手段,但是,从孟子的思想中完全能够得出使动物不痛苦这样的结论。另外,孟子为什么提倡"七十而食肉",这也是值得人们深思的。

对于食用动物是如此,对于不能食用的动物特别是野生动物就更是不能杀害。前面说过的"驱"而"放"的办法,就是古代先民保护动物的重要措施。这里再举孟子主张爱护和保护动物的一个例子:

晋人有冯妇者,善搏虎,卒为善,士则之。野有众逐虎,虎负隅,莫之敢撄。望见冯妇,趋而迎之。冯妇攘臂下车。众皆悦之,其为士者笑之。①

这个故事说明,春秋战国之时,已经有搏杀老虎之人与事,冯妇就是一个善于搏杀虎之人。有一次,野外有人逐杀老虎,老虎被赶到一个角落。他们知道,老虎的生命受到严重威胁时,是会拼死反抗的,因此,无人敢接近它。这时,看见冯妇,大家赶快去迎接,想请他搏虎。冯妇也就伸出胳膊,捋起袖子,走下车来,做出搏虎的样子。这些人都很高兴,但是,那些别的士人却讥笑他。为什么呢?这里有是非、善恶之分。在那些士人看来,伤害虎的性命,就是为恶;保护其性命,便是为善。后来,冯妇终于"为善",即做善事而不再搏虎了,士人也就不再讥笑他,而是以他为学习的榜样了。这说明,当时的士人已经普遍有保护动物的意识;同时也说明,孟子对是非、善恶的界限,是分得很清楚的。对于虎这种野生动物如此,对于其他的野生动物可想而知了。

孟子不仅对于动物有爱护之心,而且对于植物也有保护之意,因为植物也是自然界的生命。这方面的直接论述虽然不多,但是,从他的相关论述中,能够清楚地看到这一点。除了"斧斤以时入山林"等论述之外,这里再引用一段孟子用来作比喻的论述:

---

① 《尽心下》23章。

牛山之木尝美矣,以其郊于大国也。斧斤伐之,可以为美乎?是其日夜之所息,雨露之所润,非无萌蘖之生焉,牛羊又从而牧之,是以若彼濯濯也。人见其濯濯也,以为未尝有材焉,此岂山之性也哉……故苟得其养,无物不长;苟失其养,无物不消。①

孟子的这段著名议论,本来是用牛山(即齐国国都临淄的南郊)之木比喻人的良心的,但是正如我们在前面所说,孟子的比喻是一种论证逻辑,即类比逻辑,它是具有双重意义的,用作比喻的事实或事件就具有重要意义。牛山之木也是如此。

牛山上生长着茂密的树木,是很美的,特别是生长在大国(齐国)的郊区,就显得更美。但是,人们为了实用的目的,天天去砍伐,它还能够茂密而美吗?当然,它还日日夜夜在生长中,雨露之水在润泽着它,因此还有新的嫩芽枝叶生长出来;但是,紧接着又去放牧牛羊,结果就变成一座光秃秃的山了。人们看见一片光秃秃的山,以为山上没有生长过树木,难道这就是山的本性吗?

这既是讲生态伦理,也是讲生态美学。只要用爱心保护山上的树木,不要去破坏,它才会茂密而长青,使人们享受到自然之美。这并不是说,人们绝对不可以伐木;但是,不能以破坏的方式去伐。人类是不能离开自然界的生存环境的,树木就是人类最好的朋友,它为人类提供的福祉,是多方面的。一个没有树木和绿色的世界是非

---

① 《告子上》8章。

常可怕的。孟子早就为我们指出了这一点。

三、养形与养心

人类如何与自然相处，如何对待自然，实际上是人类在自然界如何生存、发展的问题，即是人类的生存方式问题。孟子的生态学说也是从这一基本思考出发的。

孟子肯定自然界的价值，肯定自然界的万物的生命价值，对自然界充满了敬意，对自然界的万物充满了爱心。但是他知道，人类生存所需要的一切，都是自然界提供的，人有各种各样的欲求，他也是清楚的。那么，人类应当如何生存才是最合理的呢？是不是应当无限制地向自然界进行掠夺以满足人的一切欲望呢？

在孟子看来，人类向自然界索取一切生活资源是不可避免的，但是，进行过度的、无节制的掠夺则是不允许的。因为这不仅破坏了人与自然界的生命和谐，而且与人的本性不相符合。人的本性是仁，即"仁民而爱物"的，将"爱物"视为生命价值的重要内容。如果对万物进行破坏式的掠夺，那就是违反了人性而受到物欲的促动，是"陷溺其心者"。正常的物欲也是人性："男女居室，人之大伦也。"[①]出于人性者，必合于伦理，男女居室如此，饮食之类也是如此。

---

① 《万章上》2章。

但是,超过生理需要的贪欲,就超出了人的道德理性,也超出了人与自然之间的正当关系。因此,孟子提出了"寡欲"的主张。

> 养心莫善于寡欲。其为人也寡欲,虽有不存焉者,寡矣;其为人也多欲,虽有存焉者,寡矣。①

"寡欲"并不是禁欲(过去有人认为,儒家提倡"禁欲主义",这种说法是错误的)。"寡欲"实际上是对人的欲望的一种合理限制,是对"多欲"而言的。"多欲"与"寡欲"不只是标示数量的概念,"多"与"寡"不是量词,而是表示性质的概念,具有质的区别。在"多欲"与"寡欲"之间,并没有一个中间状态,如同"中庸"之对于"过"与"不及"那样。在孟子看来,欲望超出了一个正当范围,就变成"多欲"。"多欲"就意味着欲望的膨胀即贪欲,而"寡欲"则意味着欲望的节制和人性的健康发展。究竟怎样掌握这个界限,似乎有一定难度,孟子也没有提出更进一步的解释;但是,孟子决不仅仅是从量化的角度谈论这个问题,而是从人的生活态度、生存方式的角度谈论这个问题的。他所说的"养心",就是指此而言的。

因此,这是一个心性修养的问题,人生价值的问题。孟子认为,"寡欲"对于人的仁义之心是有利的,而"多欲"对于人的仁义之心是有害的。"寡欲"之人,其心虽有"不存"者,即仁义之心虽有所丧失,但是不会多;而"多欲"之人,其心虽有所"存",却是很少很少了。这

---

① 《尽心下》35。

所谓"存",就是心之所存,指仁义之心。"虽存乎人者,岂无仁义之心哉?"①人人都有仁义之心,但是,欲望膨胀之后,仁义之心就越来越少了。仁义之心越来越少,对自然界就会丧失保护意识,而越来越严重地进行掠夺,以满足不断膨胀的欲望,结果就会形成恶性循环。

为什么"多欲"能伤害仁义呢?这是因为,"多欲"之人,被外物所引诱,只追求物质利益,以满足不断膨胀的物质欲望,因而使"爱物"之心受到蒙蔽,走向对自然界的外物的无情掠夺。这就是孟子所说的"放其良心","良心"即仁义之心。

> 虽存乎人者,岂无仁义之心哉?其所以放其良心者,亦犹斧斤之于木也,旦旦而伐之,可以为美乎?其日夜之所息,平旦之气,其好恶与人相近也者几希,则其旦昼之所为,有梏亡之矣。②

人有仁义之心,即有"爱物"之心,"仁者无不爱也"③,这就是人的存在本质,也就是"良心"之所在。但是,良心也会丧失的,其所以能够丧失,就因为有"伐之"者,就如同斧头之砍伐树木一样。树本来是"山之性",是山的生命所在,但是,如果天天有人去伐,"山之性"也就丧失了。人也是如此,其仁义之性被欲望所伐,就会丧失;因此,

---

① 《告子上》8章。
② 同上。
③ 《尽心上》46章。

就不是"爱物"而是"戕物"了。孟子用牛山之木比喻人的良心,是很有意思的,二者确实有某种"同构性",在生命的意义上,二者本来是相通的,也是可以互释的;在人与自然的关系问题上,就更有互释的意义了。仁义之心(性)本来是爱牛山之木的,而欲望之求则要伐牛山之木,于是,以仁义之心限制欲望之求,还是以欲望之求"梏"即残害其仁义之心,就成为人类如何生存的重大问题了。

孟子当然是主张前者,反对后者。但这并不是说,完全取消人的欲望,而是合理地控制欲望,使其处于适当的范围。这就是孟子所说的"寡欲"的真实涵义。这是要靠人类自身去做的,是人类自身的"选择",不是由别的什么意志或力量来决定。自然界赋予人以仁义之心即"爱物"之心,但是能不能实现,却靠人类自己。在这里,孟子再一次赋予人类以自主性或主体性。但是,这种自主性或主体性,既可以由权利和利益来说明,也可以由责任和义务来说明。毫无疑问,孟子选择了后者。他的"天赋德性说"与西方式的"天赋权利说"是不同的,尤其在人与自然的关系这个最基本的问题上,二者的区别是明显的。

现在再回到"小体"与"大体"的问题上来,看看孟子是怎样解决"养形"与"养心"这个问题的。

既然"小体"代表人的感性欲望,"大体"代表人的生命价值,而人作为一个完整的生命整体,既不能没有欲望,更不能没有价值,因此,"小体"与"大体"二者都是不可缺少的,这就是孟子所说的"兼所爱""兼所养",即既要养其"小体",又要养其"大体"。但是,这里有

"善养""不善养"的问题,而"善养"还是"不善养",没有其他途径,"于己取之而已矣"①,即完全取决于自己。但何者为"善养",何者为"不善养",则是有明确标准的。善养者养其心,不善养者养其口腹。饥渴之人,觉得什么饮食都是美的,他并不懂得饮食的正味,这是由于受到饥渴损害的缘故。但是,难道只有口腹有饥渴之害吗?人心也会受到损害。重要的是"人能无以饥渴之害为心害,则不及人不为忧矣"。② 即不因饥渴之害而使心志受到损害,那么,即使不及别人,也就没有什么可担忧的了。孟子之所以分出大小、贵贱,以"大体"为贵,而以"小体"为贱,正是为了确立人的生命价值的主导地位,将生命价值置于感性的物质欲望之上,以此指导人类的生活。但这并不是将"大体"与"小体"二者截然分开并对立起来,只养其一即"大体"而不养"小体"。重要的是"无以小害大,无以贱害贵"③。那么,如何才能做到"无以小害大,无以贱害贵"呢?答案就是"寡欲",即限制人类的欲望。限制到什么程度呢?以不伤害仁义之心为前提。如果伤害了仁义,那就是"多欲","多欲"之人,便丧失了人的价值。因此,他又说:

> 今有场师,舍其梧槚,养其樲棘,则为贱场师焉。养其一指而失其肩背,而不知也,则为狼疾人也。饮食之人,则人贱之

---

① 《告子上》14 章。
② 《尽心上》27 章。
③ 《告子上》14 章。

矣，为其养小以失大也。饮食之人，无有失也，则口腹岂适为尺寸之肤哉？①

这又是一个比喻。不过，这个比喻与牛山之木的比喻，性质不完全相同，但是，也能说明问题。园艺师如果舍弃贵重的梧桐、楸树，而养植酸枣和荆棘，那就不是个好园艺师。人如果只保养一个指头，而失去了肩膀脊背，自己还不知觉，那就是一个很糟糕的人。这里所说的"饮食之人"，是指专门为了吃喝享受而不顾精神修养和伦理道德之人，这样的人，人家是会鄙视的，因为他只养了"小体"而丧失了"大体"。如果没有这样的失误，那么，虽然也是饮食，其目的却不仅仅是为了满足身体的享受，他还有更重要的目的，即实现人的价值。这就是孟子对"人为什么活着"这个古今永远不会过时的永恒问题的回答。

现在的问题是，人的生命价值究竟如何实现？在怎样的生存环境下去实现？前面已经说过，人的生命价值的核心是仁义，这正是人比动物高贵之处，但这决不是说，人可以凌驾于动物和所有生命之上，对万物进行无情地掠夺和残杀，以满足人的物质欲望；而是正好相反，人不仅要爱人类，而且要爱万物，对万物尽到保护之责，从而与自然界和谐相处。这也就是说，人的价值不能完全自发地实现，而是要不断地进行自我修养，不断提高心灵境界。这就是孟子

---

① 《告子上》14章。

所说的"寡欲"以"养心"。同时还说明，人的价值（主要是道德价值），不仅在人与人的关系中才能实现，而且只有在人与自然的关系中，即在"爱物"中才能完全地实现。反过来说，以仁为核心的人的价值，如果缺了对自然界万物的爱护与保护，就不能得到完全的实现，也就是说，人的生命及其价值是不完整的。这样说决不是"危言耸听"，而是孟子"仁民爱物"学说的精髓所在。人类经历了几千年的文明进步，特别是近现代以来的科技进步，能够对自然界进行毫无顾忌的征服，结果却遇到了有史以来最严重的生存危机，同时也受到了越来越严重的惩罚。究竟出了什么问题？生活在今天的人类，应当虚心地听取孟子的教诲。对自然界不尽其应尽的责任和义务，而只是享受权利，进行掠夺，这难道就是人类唯一的生存方式吗？

在《天人学说》一讲中，我们谈到孟子以"上下与天地同流"为天人合一境界，这也是最高的自由境界。但是，这境界的实现，不仅是人的最理想的生存状态，而且需要人类不断认识自身在自然界的地位与作用，特别是对自然应尽的责任和义务；只有这样，才能实现人自身的自由境界。人类不能脱离自然界而存在，人类要回到大自然，但这又是一个不断自我提升的过程，也是"自我实现"的过程，不是回到未开化的原始状态。孟子说：

可欲之谓善，有诸己之谓信，充实之谓美，充实而有光辉之谓大,大而化之之谓圣,圣而不可知之之谓神。①

所谓"可欲之谓善"的"欲",不是物质欲望即"寡欲""多欲"之欲,而是目的追求。善即目的,人的目的追求也就是善。这同孔子的"我欲仁,则斯仁至矣"②以及"从心所欲"③之"欲"是一致的。这句话是说,善是可以达到的,它就在我自身的目的追求之中。"有诸己之谓信"的"信",是指真实,是自己真实具有的东西,这就是"思诚"的"诚"。诚、信是可以互释的。"充实之谓美"是说,不仅自己具有,而且很充实,这就是美。前三句话实际上是讲真、善、美,三者都是人所具有的,也是能够实现的。"充实而有光辉之谓大",是指实现于外者,是人的心灵境界的外部显现。"大而化之之谓圣",是最关键的一句,所谓"化",就是圣人"所过者化"的"化",但这里既有"人文化成",即社会教化的意思,又有"参赞化育",即完成自然界的生成养育之功的意思,因此,才能称之为"圣"。这是合社会与自然而为一的整体和谐的境界,即圣人境界。至于"圣而不可知之之谓神",则超出了通常所谓知解,已经达到了非知识所能范围的境地,其中隐含着的意思就是自然界是全能的,有神性的,但是,圣人能够达到这种境界。

这虽是讲人的心灵境界提升的过程,但仍以人与自然的关系问

---

① 《尽心下》25 章。
② 《论语·述而》30 章。
③ 《论语·为政》4 章。

题为基本框架,以自然界的生命流行为神圣本源,以人的生存方式为基本的出发点和落脚点,就是说,它要解决的是人如何生存的问题。但它是通过君子、大人、圣人等等这些理想人格的修养途径来说明这个道理的,因此,具有某种"理想主义"的性质。但"圣人与我同类者",圣人能做到的一般人也能做到。何况人类生活是不能没有理想的。理想与空想是不同的。随着人类现实生活境况的变化,这种"理想"已经成为十分迫切的现实需要了,已不是什么遥远的过去或未来了。

第六讲

人性学说(上)

一、"四端"之情

二、性善说

三、性情才的关系

一、"四端"之情

孟子提出了一套系统的人性学说。这套人性学说不仅是孟子学说的核心内容,而且对后来的宋明理学(广义的理学,包括心学)产生了重大影响。

孟子的人性学说首先是从"四端之心"开始的。所谓"四端之心",就是四种道德情感,即恻隐之心、羞恶之心、辞让之心、是非之心。孟子认为,人人都具有这四种道德情感。孟子说:

> 人皆有不忍人之心……所以谓人皆有不忍人之心者,今人乍见孺子将入于井,皆有怵惕恻隐之心。非所以内(同"纳")交于孺子之父母也,非所以要(同"邀")誉于乡党朋友也,非恶其声而然也。由是观之,无恻隐之心,非人也;无羞恶之心,非人也;无辞让之心,非人也;无是非之心,非人也。恻隐之心,仁之

端也;羞恶之心,义之端也;辞让之心,礼之端也;是非之心,智之端也。人之有是四端也,犹其有四体也……凡有四端于我者,知皆扩而充之矣,若火之始然(即"燃"),泉之始达。苟能充之,足以保四海;苟不充之,不足以事父母。①

"不忍人之心"就是同情、爱怜之心。"忍"者残忍,其反面"不忍"就是怜惜、同情。"怵惕"是恐惧之义,"恻隐"是伤痛之义,恐惧伤痛之心也就是同情爱怜之心。这是"四端"之中首要的也是最重要的一端,具有根本性意义。"羞恶之心"即是羞耻之心,"恶"者耻也,即厌恶之义。"辞让之心"即辞谢推让之心,孟子有时又称"恭敬之心"。"是非之心"是指分辨是非的能力,"是非"是指道德判断中的是非,不是"事实判断"或"逻辑判断"中的是非;是"应当"、"不应当"的问题,不是"真假"问题,但是,其中也有事实真假的问题。总之,这四种情感都有道德意义、价值意义,不是一般心理学所说情绪情感,或纯粹"自然情感",但它又是出于自然,不能说只是社会经验中形成的。我们可以说,这四种情感是心理的,但又是先天的或先验的,是在经验中表现出来的,却不完全是经验的、实然的。

所谓"先天的",是说与生俱来的,不是后天形成的;所谓"先验的",是说先于经验的,但又是行之于经验的。"四端"之情虽是先验的,却又是在经验中存在的,是有经验内容的,不是毫无内容的"纯

---

① 《公孙丑上》6章。

粹形式"。这是"四端之心"的一个根本特点。我们说,"四端"不能脱离经验而存在,但是不能说,它是在后天经验中产生的,事实上它是先天的情感意识而见之于经验的东西。当它未与经验事实接触的时候,只是某种隐而不现的内部的存在状态,或一种潜在能力;当它与经验事实接触时,就表现为现实的情感活动。不过,这不是认识论的,而是存在论、目的论的,即不是指向一个对象从而形成意向性认识,而是自我实现式的目的性活动,与对象构成一种"我"与"你"的整体性的生命联系,而不是"我"与"他者"之间的排斥性关系。

人何以能具有这四种道德情感呢?孟子用生活经验中的例子进行了论证。他首先论证了不忍之心、恻隐之心。如果看见小孩子要掉进井里,人人都会有恐惧伤痛之心、同情爱怜之心而去救他,这不是为了和小孩的父母讨交情,也不是为了在乡里朋友之间博取名誉,也不是由于厌恶小孩的哭叫声才这样去作,这仅仅是出于人的同情心本身而要这样做的。孟子所举的这个例子是具有普遍性的,一个正常的人,看到这种情况或类似情况,都会有恻隐之心,都会不假思索地去救这个小孩。这不是所谓的逻辑推理所能证明的,这是由生活实践证明的,其根据就在每个人的心里。每个人都可以"将心比心",得出这样的结论。这就是所谓直觉的证明。

孟子论证了"不忍之心"、"恻隐之心"之后,其他三种道德情感也就不证自明了。因为在孟子看来,其他三种道德情感,与"不忍之心""恻隐之心"同出一个心,只是在不同场合有不同表现而已。"羞恶之心"从一定意义上说是"不忍之心"的另一面,如果"不忍"是正面表述的话,"羞恶"就是反面表述,如看见小孩要掉进井里而我不去救,就会有"羞恶之心"。中国没有西方式的"罪感"文化,但是有"耻感"文化,"羞恶之心"就是中国的耻感文化。"辞让之心"则是出于对别人的尊重,与"不忍之心"互为表里。只有一种情况是例外,即"当仁不让",因为这是做人的第一要务。比如看见小孩要掉进井里,我便立刻去救,不能"让"别人去救。但是,在与别人相处的时候,就会出于对别人的尊重而推让。"是非之心"也是如此,什么事该做,什么事不该做,人人都有一个标准,而这个标准是共同的,这就是恻隐、羞恶、辞让等等。"是非之心"表现为一种判断,这种判断不是由别人做出的,是由自己做出的,原因就在于,判断的标准既是客观的、普遍的,却又在每个人的心里。比如小孩要掉进井里,救还是不救？人人都会做出正确判断；救者为是不救者为非。

孟子为什么将这四种道德情感说成是"四端"之心呢？这里有两个问题：一是"四端"的"端"字有何意义？二是"扩充"又作何解释？

"端"本作"耑"。《说文解字》："耑,物初生之题（即额）也。上象生形,下象其根也。"从文字学上说,"端"就是萌芽,意味着生长。孟子用"端"字表述四种道德情感,正说明道德情感对人性而言,只是一个萌芽,这与孟子所说"人之所以异于禽兽者几希"是完全一致的。道德情感虽然只是萌芽,但却是人之所以为人的内在根据,因此,需要人去"扩充",这却是人自身的事情。所谓"扩充",就是使其完全地实现出来,成为普遍适用的道德理性,这就是仁、义、礼、智之性。这说明,性与情是完全统一的,从发生学上说,性是由情"扩充"而成的。就像火苗开始燃烧一样,终将形成燎原之势;就像泉水开始奔流一样,终将汇入江河。

正因为如此,孟子又称"四端"为"四性"。

> 恻隐之心,人皆有之;羞恶之心,人皆有之;恭敬之心,人皆有之;是非之心,人皆有之。恻隐之心,仁也;羞恶之心,义也;恭敬之心,礼也;是非之心,智也。①

"恻隐之心,仁也"云云,与"恻隐之心,仁之端也"云云,说法不同,但意思是相通的。"端"字说明道德情感只是人性的萌芽状态,需要人去"扩充",这当然不是说,情与性在本质上是有区别的,只是说,二者是潜在与实现之间的区别。"恻隐之心,仁也"等等说法,则直接说明性与情在本质上是相同的,情就是性;但这也不是说,不需要人去"扩充"。"扩充"是一个形象的说法,其实际意义就是形式化、理性化,使道德情感具有普遍的理性形式,同时又不离情感内容。但是,这需要经过"思"的自觉,从这个意义上说,"思"就是"扩充"的重要方法。

因此可见,孟子对道德情感是非常重视的,他将道德情感视为人性论的基础,从而开启了中国哲学与文化以情感而不是以知性为

---

① 《告子上》6章。

主要特征的发展道路。孟子学说的最大特点和独特贡献就在这里。

前边说过,道德情感是"心",即人心所具有的,但它又是先天的或先验的。但这能不能构成纯粹的先验形式呢?这是一个大问题。凡是主张"先验论"的人,大都认为"先验的"就是形式的,将先验形式运用到经验中,就会产生认识,诸如此类。但是,对孟子而言,情况并不是这样。这与孟子的天人合一之学有密切关系。在孟子看来,所谓"先验的",实际上是先天的,是与生俱来的一种潜在能力,这种潜在能力是一种价值生成的能力,不是西方哲学所主张的认知能力。当然,其中也有认知的成分,特别是"心之官则思",就是一种思维认识能力,但这所谓"思",是自思,不是他思,是思其"在我者",不是思其在他者,即不是对象思维。"在我者"就是生而具有的道德情感。道德情感是一种生命创造的潜在能力,是目的性的情感意识,它与精神分析学所说的以生理欲望为内容的所谓"潜意识"是不同的,它是一种情感意向活动,而不是认识的意向活动,也不是意志活动。这就是孟子和儒家学说为什么是"情感型"的,而不是"认知型"或"意志型"的理由所在。

毫无疑问,先天的道德情感是人类进化的结果,可说是一种道德进化论。它具有某种形式意义,但不是"纯形式"。这种形式伴随着道德创造的潜在能力而来,却并未实现出来,只能依靠"思"而实现。"思"则是后天的。最重要的是,道德情感作为价值创造的潜在能力,只有在后天的经验中才能变成现实,在人与人、人与物的关系中实现出来。孟子说:"孩提之童,无不知爱其亲者,及其长也,无不知敬其兄也。"①这显然是讲先天的道德情感的,但是,只有在小孩开始有了意识,在与父母兄弟的相处之中才能表现出来,而这些都是后天的、经验的,因此,也是活生生的。这也就是说,离开具体的经验内容,道德情感是无法说明的,从这个意义上说,道德情感又是有经验的、社会的内容的。

这当然不是说,道德情感只是具有经验心理学或社会心理学的性质,或者只是个体的心理现象,或者是社会集体无意识。这是说,它不是用先验形式"组织"经验内容,或将经验内容"装进"先验形式的结果。实际上,它本身就是有经验的,却又有潜在的普遍性形式,它是人类生命的存在方式。当这种存在方式未进入意识状态时,只是储存生命信息并有普遍关联的潜在能力,当其进入意识状态时,就成为恻隐之心等等情感意识,并且具有普遍的理性形式,同时也就在与其他生命的关系中表现出来,在一定的社会环境中不断获得新的内容。

二、性善说

在人文主义高涨的春秋战国时期,人性问题成为思想家们争论的焦点,当时有各种各样的人性学说,孟子提出的"性善论",便是其

---

① 《尽心上》15章。

中的一种。但是,"性善论"在中国哲学的发展中具有特殊地位,这与儒家的天人合一论有直接关系。到了宋明时期,"性善论"终于成为人性论的主导思想。

根据《孟子》一书的记载,当时至少有四种人性学说。一是告子的"性无善无不善说";二是"性可以为善可以为不善说";三是"有性善性不善说";四是孟子的"性善说"。如果再加上后来荀子的"性恶说",便有五种人性学说。这些学说反映了不同的哲学主张,但都是关于人的问题,从不同方面彰显了人文主义精神。

现在就《孟子》中的有关论述进行一些讨论。

> 公都子曰:"告子曰:'性无善无不善。'或曰:'性可以为善,可以为不善。是故文武兴,则民好善;幽厉兴,则民好暴。'或曰:'有性善,有性不善,是故以尧为君而有象,以瞽瞍为父而有舜;以纣为兄之子,且以为君,而有微子启、王子比干。'今曰'性善',然则,彼皆非与?"[①]

告子的"性无善无不善"之说,是一种中性的人性学说,他所说的性,是指人的生物性,如"生之谓性"[②]"食色,性也"[③]之类。生物性是从自然界带来的,因此,有人称之为"自然人性论"。但是,所谓"自然人性论",只能从生物性的意义上去理解,而人性却不止于生物性。

---

① 《告子上》6章。
② 同上书,3章。
③ 同上书,4章。

"自然"在中国哲学中具有丰富而复杂的意义（我们在"天人学说"中已讨论过），决不限于生物性。但是，告子的人性学说在当时影响很大，后来的荀子和汉代的董仲舒都受其影响。因此，孟子和告子进行了激烈的辩论，下面将要谈到。

"性可以为善，可以为不善"之说，没有举出提倡者，只说"或曰"，即有人持这种观点。这种观点的主要意思是，人性是可塑可变的，既可以为善，也可以为不善。根据所举的例子，人性主要是随社会政治环境而变的，比如周文王、武王之时，由于实行"仁政"，故民好善，则性也善；周幽王、厉王之时，由于实行"暴政"，故民好暴，则性不善（这里，"不善"即是恶）。这种学说有点像环境决定论，即人性之善与不善，是由环境决定的。对于这种学说，孟子实际上有条件地采纳了，即承认环境对于人性有很大作用，如富岁"多赖"、凶岁"多暴"之类；但是，这种学说并未说明人性究竟是善还是恶，在孟子看来，不说明这一点，就是不彻底的。

汉代的王充，在《论衡·本性篇》中说："周人世硕以为性有善有恶。举人之善性养而致之，则善长；恶性养而致之，则恶长。故世子作《养书》一篇。宓子贱、漆雕开、公孙尼子之徒亦论性情，与世子相出入。"[①]据《汉书·艺文志》说"《世子》二十一篇"。注说："名硕，陈人，七十子之弟子。"[②]这样看来，世硕是孔子弟子的弟子，距孟子

---

① 《论衡集解》，北京：古籍出版社1957年版，第62页。
② 《汉书》，北京：中华书局1983年版，第1724页。

当不远。有人据此认为,世硕之说与"性可以为善,可以为不善"之说是一致的,"或曰"就是世硕之说。实际上,这两种学说虽有相似之处,但是并不完全一致。按照世硕"性有善有恶"之说,人性中既有善的成分,又有恶的成分,只是尚未定型。如果将其中的善的成分加以养护,则善性发展;如果将其中的恶的成分加以养护,则恶性发展。因此,他主张"养"性。"养"者靠自己去养?还是靠外力去养?他没有说;不过,性中有善、恶,则是肯定的。据此,则主要靠自养。但是,按照"或曰'性可以为善,可以为不善'"之说,并未肯定性中有善有不善,只是说可以"为"善,亦可以"为"不善,关键是一个"为"字。按照其所举的例子,显然是说,外部环境对人性"为"善、"为"不善起重要作用甚至决定作用。"为"者人为也,即成为善或成为不善,这显然是指后天作用而言。就其对性不作善恶判断而言,"或者"之说似与告子很相近,但是又有不同。因为按告子所说,性作为自然的生物性,本无善恶可言,环境能不能使其为善或为恶,则不是性本身的问题,环境可以改变它,但性本身是不是具有善、恶这样的道德意义,则是另一回事。而按"或者"之说,性既然可以"为善"或"为不善",似乎说明性本身又有"为善""为不善"的内在根据,就此而言,与世硕之说有相近之处,但只是相近而已,不能说"性有善有恶"。

至于"有性善,有性不善"之说,也没有举出提倡者,但意思是清楚的,即性之善恶因人而异。有些人性善,则不能使之为恶;有些人性恶,则不能使之为善。这都是性中注定的。这与"性可以为善可以为不善"之说正好相反,认为人性善恶都是不变的,既不能靠自力使其改变,也不能靠他力使其改变,就是说,客观环境也不能使恶者为善,使善者为恶。因此,尧这样的圣人为君,却有像(舜兄)这样的性恶之人;有瞽瞍这样不善的父亲,却有圣人舜这样的儿子;有纣这样的暴君,却有微子启、王子比干这样叔叔贤人。这种学说不是人人具有相同人性的普遍人性论,而是一种特殊论。对于这种学说,孟子用"凡同类者,举相似也……圣人与我同类者"①等说就回答了,用不着更多的辩论。因为在孟子看来,人之所以为人,是由于有共同的人性,至于环境的作用,是另外的问题。

孟子主张性善,而他的主要辩论对象是告子。

这场辩论很有意思,二人都用举例和类比的方法说明各自的主张,从相同的例子中得出截然不同的结论,如果单从辩论逻辑的角度来看,很难说谁是胜者;但是,孟子有一种强烈的信念,即只有"性善论"才能支撑起人的价值,而这种信念是在生命体验中获得的,是有深厚的生命根基的。

告子的基本观点是"生之谓性"②。告子所说的"生",是指天生的才质或资质,可概括地称之为生物性。"性"字本来由"生"字而来,且同声,从这个意义上说,告子之说有语言文字学上的根据,也有生物学的根据。这一点孟子不完全否定。比如告子说:"食色,性

---

① 《告子上》7章。
② 同上书,3章。

也。"①对此,孟子并未提出反驳。"食色"就是饮食男女,即人的生物性的需要。孟子也说"形色,天性也。"②"男女居室,人之大伦也。"③"形色"作为人的身体相貌,包括生物性的感性需求,"男女"之间更有生物性的需要。问题在于,在孟子看来,人之所以为人之性,主要不在这里,而在于道德理性,即仁义礼智之性。这是高于生物性的,也是人所特有的,是人之所以区别于动物的根本所在。因此,他反问说:"生之谓性也,犹白之谓白与?"如果说"生"就是性,那是不是说,白就是白?回答是"然",即正是。他又问:"白羽之白也,犹白雪之白;白雪之白,犹白玉之白与?"即白羽毛的白就是白雪的白,白雪的白就是白玉的白吗?回答也是"然",即正是。最后孟子说:"然则,犬之性犹牛之性,牛之性犹人之性与?"④意思是,照这样说来,犬性就是牛性,牛性也就是人性了?

很清楚,这不是纯粹逻辑概念上的辩论。如果从概念上说,"白"从各种事物中抽象出来之后,就成为共性,共性的"白"既不是任何一物之白,却又是一切白色之物共同具有的,因而适用于一切白物。这就是所谓共相与个别的关系。共相具有普遍性,而个别属于特殊性,是特殊一类中之物。"白"如此,"性"也是如此。如果单从"生"即生物性的意义上说性,那么,这个"性"显然有普遍性,适用

---

① 《告子上》4章。
② 《尽心上》38章。
③ 《万章上》2章。
④ 《告子上》2章。

于一切生物,既适用于犬、牛,也适用于人类,因为人也是生物,是生物中的动物。就此而言,孟子是不能否定"生之谓性"这个论断的,也就是不能驳倒告子的。但是,孟子立论的根据恰恰不是共相的普遍性,而是个别的特殊性,即不是强调人性与犬、牛之性的共性,而是强调人性不同于犬、牛之性的特殊性,即道德性。就人这一"类"而言,人性是由高于其他动物的道德性来说明的。这并不妨碍人性中有动物性的一面,但是,正是人所特有的道德性把人和动物区分开了。就概念而言,孟子重视概念的内涵而不是外延,即重内容而不是形式。

告子认为,仁义等道德性是对于人性即生物性进行改造的结果,不是由人性发展而来。因此他又说,人性好比杞柳,仁义好比桮棬(桮同杯,棬音圈)即杯盘,如果以仁义为人性,就是以杞柳为杯盘了。但是,将杞柳制成杯盘,是要加工改造的。对此,孟子反驳说,你究竟是顺着杞柳之性而制成杯盘呢?还是毁伤杞柳之性而制成杯盘呢?如果真是毁伤杞柳之性而制成杯盘,那就是毁伤人的本性而为仁义了?"率天下之人而祸仁义者,必子之言夫!"[1]即率领天下的人祸害仁义的,必定是你的这些言论。孟子认为,人性中便有仁义,故不能用毁伤人性的办法实现仁义;毁伤了人性,也就损害了仁义。因此,他批评告子之言,是率天下之人来损害仁义。

告子又说,人性好比流水,从东边决口则向东流,从西边决口则

---

[1] 《告子上》1章。

向西流。"人性之无分于善不善也,犹水之无分于东西也。"他用东、西比喻善、恶,水不分东西,故性不分善恶,善恶是人为地"决"出来的。对此,孟子反驳说,水确实不分东西,但是不分上下吗?"人性之善也,犹水之就下也。人无有不善,水无有不下。"孟子利用告子举例的弱点,提出水之性向下,证明人之性善,可说是一个很巧妙的类比。意思是,人性之善是自然的趋向,如同水自然而然往低处流一样。人性也可以被改造,但这恰恰不是出于人性本身,而是受外力作用的结果。受外力作用而不顺其自然发展,则只能毁伤人性而变恶。正如用力将水拍打而起,则可以高于额头;用强力激而使之逆流,则可以上山一样,这难道是水性吗?"人之可使为不善,其性亦犹是也。"①人可以使他做坏事,其性的改变就是如此。

但是,告子又提出"仁内义外"之说,与他反对仁义为性之说似乎不太一致。这可能是经过辩论之后所做的一些修改。

　　告子曰:"食色,性也。仁,内也,非外也;义,外也,非内也。"

　　孟子曰:"何以谓仁内义外也?"

　　曰:"彼长而我长之,非有长于我也;犹彼白而我白之,从其白于外也,故谓之外也。"

　　曰:"异于(意思不明)白马之白也,无以异于白人之白也;

---

① 《告子上》2章。

不识长马之长也,无以异于长人之长与?且谓长者义乎?长之者义乎?"

曰:"吾弟则爱之,秦人之弟则不爱也,是以我为悦者也,故谓之内。长楚人之长,亦长吾之长,是以长为悦者也,故谓之外也。"

曰:"耆秦人之炙,无以异于耆吾炙,夫物则亦有然也,然则耆炙亦有外欤?"①

值得注意的是,对于告子的"食色,性也"以及"仁内"之说,孟子都未进行反驳。对于前者,我们已经说过,孟子也是承认的,不过不是作为人之所以为人的本性而对待的;对于后者,本来与孟子的主张是一致的,因此未做任何反驳。剩下的就只有"义外"之说,而这一点正是与孟子的仁义内在之说直接对立的,也是孟子着重进行反驳的。

这里所说的"义",既是仁义礼智之义,也可以泛指义理,主要是指对别人的尊重、恭敬。告子认为,别人年纪大,我就去尊敬,尊敬之心是由于别人年长,而不是由于我内在的恭敬之心,正如某物是白的,我便认它为白,因为白是外物具有的,不是在我心里,因此说,是外在的。孟子则认为,尊敬长者之心在我而不在彼(即长者),在内而不在外,因此,他反驳说,白马的白与白人的白可能没有什么不

---

① 《告子上》4章。

同,但是,对老马的尊重和对长者的尊重是不是相同呢?而且更重要的是,尊敬之心在长者呢?还是在尊敬长者的人呢?告子举例说,尊敬楚国的长者,也尊敬我的长者,这是以长者为可敬的缘故,因此说,是外在的。孟子又以人人喜欢吃肉为例,说,喜欢吃秦人的烧肉,与喜欢吃自己的烧肉没有什么不同,任何事物都是如此,但是,喜欢吃肉的心理也是外在的吗?

如果说,以水喻性的辩论,是说明善是人性的自然发展,不是出于后天人为的改造;那么,"义内"与"义外"之辩,则是说明人性是内在的,不是外在的,是由内在的道德心决定的,不是由客观对象决定的。这一点对孟子而言,非常重要。因为由此即可确立人的道德主体性,可以确立自律原则。就是说,人的一切道德行为,都是由自身的道德人性决定的,人有完全的自主性,可以决定作什么,或不作什么。作什么或不作什么,其标准就在自己的心里。

由此可见,所谓"性善",就是讲人的行为目的,这目的指向一个标准,这个标准就是完美即"善"。由于目的本身就是完美的,不是由外部环境决定的,因此,它是"内在的"。但这所谓"内在的",决不是与外在的"他者"对立的,而是一体的,其根源就在于这一切都是"天之所与我者",即自然界的目的性的生命创造所赋予的,因此,人的主体性并不是由所谓纯粹的"自我意识"决定的,也不是由人的理性"预设"的,人既是生命主体,也是目的的实现者。

三、性情才的关系

人性何以是善的？照孟子所说，是由情决定的，性和情是合一的。情和才也是合一的。孟子说：

> 乃若其情，则可以为善矣，乃所谓善也。若夫为不善，非才之罪也。恻隐之心，人皆有之；羞恶之心，人皆有之；恭敬之心，人皆有之；是非之心，人皆有之。恻隐之心，仁也；羞恶之心，义也；恭敬之心，礼也；是非之心，智也。仁义礼智，非由外铄我也，我固有之也，弗思耳矣。故曰："求则得之，舍则失之。"或相倍蓰而无算者，不能尽其才也。《诗》曰："天生蒸民，有物有则。民之秉彝，好是懿德。"孔子曰："为此诗者，其知道乎！故有物必有则；民之秉彝也，故好是懿德。"①

"乃若其情，则可以为善矣"中的"情"字，究竟是什么意思？过去曾有不同的解释。有人解释成情实，即实际情况、情形；有人解释成资质、素质；有人则解释成情感（如朱熹）。有人认为，在先秦文献中，"情"字作为情感的用法并不多，倒是作情实解释的用法很多，特别是在《孟子》一书中，"情"字并不多见，以至将"四端"之情说成是"四端"之"心"，而不用"情"字；因此，此处所说的"情"字，应作情实解。

---

① 《告子上》6章。

这一看法在过去很流行、很普遍,说明对孟子学说中的情感因素及其作用和地位认识不足。自从《郭店楚墓竹简》①出版后,才发生了较大变化甚至根本变化。因为竹简中的《性自命出》《唐虞之道》等文献,不仅大量讲"情",明确肯定"情"就是情感,而且将"情"提到很重要的地位,提出"命—性—情—道"这样的思维模式。《性自命出》被认为是孔子以后孟子以前的重要文献,其中说道:"性自命出,命自天降,道始于情,情生于性。"②这是最典型的儒家天人合一之说,与《中庸》很一致,只是《中庸》未讲"情"字而《性自命出》突出了"情"字。《性自命出》又说:"凡人情为可悦也。苟以其情,虽过不恶;不以其情,虽难不贵。"③"悦"者喜、好之义,这是说,凡人之情,是令人喜悦的。如果出于真情,虽有过失,却不是恶行;如果不出于真情,虽然可以做很难的事,却并不可贵。这里隐含着的意思是,人的情感是善的或可善的。正是这一点,与孟子之说十分相似。这同时也就证明,孟子所说的"情",是情感无疑。

但是,按照《性自命出》所说,有性而后有情,情是由性"生"的。按照孟子所说,则是若从情上看,则性可以成为善,这就是他所说的性善。这样看来,性是由情而生的。这确实是二者的一个区别。这只能说明,孟子更重视情感的作用,认为情感是人的生命的最原初、最本真的存在方式。道德情感之所以是道德理性之"端"即端绪、萌

---

① 北京:文物出版社1998年版。
② 《郭店楚墓竹简》,第179页。
③ 同上书,第181页。

芽,就因为只有情感才是人性的出发点,因此,顺着道德情感"扩充"、发展,就是仁义礼智之性,也就是善。这就是"乃若其情,则可以为善矣,乃所谓善也"的真正涵义。

孟子认为,"恻隐之心"等等"四端","人皆有之",这实际上就肯定了道德情感的先天性和普遍性,这正是"天命之谓性"[①]的实现方式,即通过具体的生命情感而实现"善端",也就是说,情感本身即包涵善性于其中;因此,从"情"上就能够看出性之为善,而不是从比较抽象的"性"上说明其善。正因为性在情中,由情而能发展出性善,所以,他直接称"四端"之情为仁义礼智之性。"恻隐之心,仁也;羞恶之心,义也……"云云,与"恻隐之心,仁之端也;羞恶之心,义之端也"等说法并无实质上的区别,前者是从情上说性,后者是从性上说情,其实,情与性是完全统一的。其区别,就在于情是具体的、丰富的、活生生的,而性是抽象的、形式的或"形而上"的。但问题恰恰在于,二者不是对立的,更不是二分的,而是一体相涵的。"恻隐之心,仁之端也"云云,是从发生、发展的意义上说;"恻隐之心,仁也"云云,则是从内容上说,离了情,决无所谓性。

或者还有另外的解释,这就是天所命之性,是形而上的精神本体即实体,性的实现则有待于情,性情关系就是本体与现实的关系。按照这种解释,所谓"恻隐之心,仁之端也"的"端"字,就是讲实现的萌芽状态,"扩充"便是讲实现的过程,背后都有一个"性"字。这就

---

① 《中庸》语。

是所谓"本体论"的论证,即情由性出,而不是性由情出。性是形而上者,情是形而下者,性是超时空的,当性落到形而下的情之中时,就有时间性了。但是,孟子是不是有所谓本体论学说,则是大可怀疑的。按照孟子所说,所谓"乃若其情,则可以为善矣",并不是说,按照情感的实际表现,推断性是善的;而是从情的本性上说,它是可以为善的。情的完全实现就是性,不是在情的背后有一个性,由情来显现。因此,孟子是以情为善的根源,而不是以情为善的显现。这是"顺推"的,不是"逆推"的,就是说,顺着情感的自然发展而不加阻挠、陷溺和破坏,它就能够成为善。这也就是"心勿忘,勿助长也"①的意思,即既不能忘记,又不能"揠苗助长"式地摧其生长,因为情不是别的,就是自然界生命目的在人的实现。

这样看来,孟子是按照"命—情—性—道"的思维框架建立他的人性学说的,这与《性自命出》以"命—性—情—道"的框架并不完全相同。如果说,《性自命出》早于孟子,那么孟子这个学说,就是《性自命出》之后的一个重要发展,其意义在于,进一步突显了情感的地位与作用,将情感与人性完全合一了。它不是将性降为形而下的经验之物,而是将情提升为形而上的"存在",同时又不失其形而下的心理的丰富性、具体性。这就避免了性与情、形而上与形而下的纯概念式的区分与对立,避免了二元论,保持了人性的完整性。

与情相联系的还有才的问题。这也是后来从魏晋到宋明时期

---

① 《公孙丑上》2章。

人性学说中的一个重要问题。

孟子认为,情和才也是完全统一的,情可以为善也就是才可以为善。因此,他在说出"乃若其情,则可以为善矣"之后,紧接着说:"夫为不善,非才之罪也。"人的行为如有不善,不是才的罪过,而是别有原因,主要是受外部环境作用而陷溺其心的结果。正如富岁"多赖"、凶岁"多暴"一样,"非天之降才尔殊也,其所以陷溺其心者然也"①。孟子所说的"才",是指天生的才质,亦可称之为"才料"。平常人们说,某某人是可做某事的"一块才料",即有此意。但孟子主要不是讲人的一般的才干、才能,而是指为善的能力,因而具有价值意义,即是一种内在的具有价值意义的潜在能力。由此亦可看出,孟子论证其性善论的良苦用心。

后来,程颐等人开始将才与性作了区分,认为"性出于天,才出于气,……才则有善有不善,性则无不善"②。而陆九渊则坚持孟子的观点,认为"情、性、心、才,都只是一般物事,言偶不同耳"③。但是,陆九渊和孟子仍有不同,这里不能详论。

就孟子而言,既然情、才都可以为善,为什么要作出情与才的区分呢?这里也有层次上的不同。"才"即才质也就是善质,这是从生理结构上说的,是一种潜质,属于生物层面;才质的作用表现为情,情是心理活动,属于心理层面;情的全部实现就是性,但这需要人的

---

① 《告子上》7章。
② 《河南程氏遗书》卷一九,《二程集》,北京:中华书局1981年版,第252页。
③ 《语录下》,《象山全书》卷三五,四部备要本。

自觉努力和实践,从这个意义上说,性属于哲学层面。但这只是从概念上所做的分析,实际上,三者是连贯而不可分的。孟子之所以将三者贯通起来,就是说明人性不仅有其心理基础,也有其生理基础。如果要讲进化,这才是真正完整的道德进化。人是完整的人,也是进化中的人。如果单从概念分析的角度讲孟子学说,是很难讲通的。但是,这决不意味着,孟子的学说只是一种生理学和心理学。

第七讲

人性学说(下)

四、心与性的关系

五、反求诸己

六、人性与环境

四、心与性的关系

说明了性、情、才的关系之后,还有心与性的关系,这是孟子人性学说的最重要的内容,特别受到当代港台新儒家的重视。孟子的人性学说,被说成是"心性之学",是中国哲学、特别是儒家哲学的根本特征。这种学说是不是道德主体论、自律论,就成为最重要的问题。这里还涉及中西哲学如何进行比较的一些问题。

孟子讨论最多的是"心"的问题,有"四端"之"心",有"本心""良心",有"尽心""存心",有"赤子之心",又有"求其放心"等等之说。这些"心"字究竟是什么意思?与性、情是何关系?

在孟子思想中,心是人的生命意义之所在,即"大体",但是又有不同层面的涵义。他引孔子的话说:"孔子曰:'操则存,舍则亡;出入无时,莫知其乡。惟心之谓与?'"①按照这个说法,心是"存在",但需要人去操持,能操持则存在,不操持而舍弃,就会丧失。这显然不是指心这个器官,而是指无形的精神"存在"。所谓"出入无时,莫知其乡",即出入没有一定的时候,也不知道它何去何从,则说明心是活动、作用,同时也说明其活动是主动的,自我做主的。

这是一般而论。但是所"存"者究竟是什么?这才是孟子最关心的,也是他要着力论述的。实际上,所"存"者不是别的,就是情,也就是性。孟子之所以将四种道德情感说成是"四端"之"心",而不说成是"情",就因为在他看来,心就是情,情就是心,心与情是在同一个意义上使用的。这一点被后来的大部分儒家所接受。在这里,心标志其主体性,情表明其存在性,说明情感是人的主体存在,也是人的最基本的存在方式,或者说,人首先是情感的存在。

既然心、情是合一的,那么,心、性也应是合一的。仁义礼智之性,"非由外铄我也,我固有之也",即不是由外边给我的,是我自己固有的。我所"固有",就是心所固有,因为我之成为我,是由心来说明的。性作为心之所"有",一方面说明它是先天具有的,不是后天获得的;另一方面说明,它又是情感这一"存在"的本质。如果说情感是"存在"的话,性便是它的本质。在这里,不存在"本质先于存在",还是"存在先于本质"的问题,性就"存"于情感之中,以情感为其存在方式,而情感则是具体的,是在经验中存在的。所谓情感具

---

① 《告子上》8章。

有先验性,实际上是说情中之性具有先验性。这就是心、性、情的关系。

如果说,"我固有之"说明道德人性是我自己具有的,不是由外部得来的,是内在的,不是外在的;那么,"仁义礼智根于心"之说,则进一步说明,心才是道德人性的根基。

> 孟子曰:"广土众民,君子欲之,所乐不存焉;中天下而立,定四海之民,君子乐之,所性不存焉。君子所性,虽大行不加焉,虽穷居不损焉,分定故也。君子所性,仁义礼智根于心,其生色也,睟然见于面,盎于背,施于四体,四体不言而喻。"①

广土众民是君子之所"欲",却不是君子之所"乐",可见,君子之"乐",不在财富和权力等欲望的满足,而是高于所"欲";居天下之中央而安定天下的百姓,是君子之所"乐",却不是君子之所"性",可见,君子之所"性",比君子之所"乐"更重要,更根本。因为君子之性,虽然荣耀加身、通行天下,也不会增多;穷困潦倒、寸步难行,也不会减少。君子之性,就是仁义礼智,而仁义礼智不在别处,正是"根于心",即根植于他的心中。心是道德价值的载体,也是主体。心中之性,不管在什么情况下,都是不会改变的,都是自我做主的,而且会表现在他的行动之中。他的声色相貌,温和纯粹,表现在面部,也反映在背部,表现在手足动作上,更是一目了然,不言而喻。

---

① 《尽心上》21章。

这说明,仁义礼智之性,不仅是自我做主的,不受外部条件和环境影响的,而且它的作用是无所不在的。正因为如此,才能挺立起君子人格。徐复观先生说,"心善是性善的根据"①,这是完全正确的。"根于心"就是以心为性的根据,性善根据心善。

"仁义礼智根于心"之说,把心性关系说得很清楚了。但是如前面所说,心和情是在同一意义上使用的,从这个意义上说,"根于心"也就是"根于情"。再回到"四端"之说,根据许慎《说文解字》的解释,"端"(即"耑")字"上象生形,下象其根",这个"根"字正是指心而言的,也是指情而言的。"根于心"就是以心为根,以情为根。但这个"根"字是从生长的意义上说的,即根本的意思,如同树之有根,木之有本。这就是说,"心"字本身就意味着生长,就人心而言,能从中生长出道德义理,这就意味着道德的创造。由于心本身具有内在的创造潜能,其最初的表现形式则是道德情感。情感是有血有肉的,活生生的,其中便蕴涵着仁义礼智之性,其完全的实现,则需要"扩充"。"扩充"既是"尽心"之事,也是"存心"之事;既有"思"的作用,又有"行"的作用。"尽心""存心"之"心",就是"本心""良心",即道德心。"虽存乎人者,岂无仁义之心哉?其所以放其良心者,亦犹斧斤之于木也。"②"仁义之心"就是仁义之性,心性是合一的。仁义之心存乎人,就是以仁义为人的存在本质,存在和本质也是合一的。

---

① 《中国人性论史·先秦篇》,李维武编:《徐复观文集》,武汉:湖北人民出版社2002年版,第159页。
② 《告子上》8章。

仁义之心就是"良心""本心",但这是需要人自己努力去"存"的,不是靠别人或外在力量所能完成的。从这个意义上说,"仁义之心"就是道德自律,但是,必须伴之以自我修养。

至于主体性的问题,就比较复杂了。因为当人们谈论中国哲学的"主体""主体性"的问题时,常常以西方的主体论为依据而不加区分,因此,很容易将中国哲学包括孟子哲学的主体性说成是人与自然相对立且二分的寡头式的主体性,这样就割断了道德主体的生命创造之源,陷入所谓纯粹"自我意识"的套子,将"尽心知性知天"的根本旨意完全虚化了,其天人合一的最高境界也就无从说起了。如果不是以西方的主体论为依归,孟子的主体论是完全可以谈论的,也是完全可以成立的。但这是相对意义上的主体性,是人作为自然界生命创造、价值创造的"实现原则"的实践主体,是与"他者"处于生命联系中的道德主体,不是与"他者"相对的孤立主体。

孟子是不是有道德本体论的思想呢?这也是值得研究的问题。我们已经说过,当人们谈到本体论时,常常以西方的实体论为依据,认为本体就是实体,道德本体就是道德实体。如果是这样,那么孟子很难说是本体论者。如果道德是实体,那还为什么要"扩充"呢?为什么要"勿忘,勿助长",即既要用心操持而不能忘记,又反对以人为的方法"揠苗助长"呢?又为什么要主张"天之生物,使之一本"[①]

---

① 《滕文公上》5章。

呢？又为什么提倡"生道"①呢？据杨伯峻先生统计，《孟子》中除了常见动词、名词、代词和语词之外，"生"字使用频率最多，达到48次②。

自孔子以来，"生"的问题就成为中国哲学的核心问题，直到宋明理学，其地位越来越重要。孟子虽然批判了告子的"生之谓性"的学说，但告子所说的"生"只限于生物性，孟子所批评的，也正是这一点，而且孟子并不否认生物性。如果突破生物性这一限制，"生"便是生命创造，价值创造，"生"的哲学就是生命哲学、价值哲学。这正是孔子、孟子以来中国哲学的精神所在。"生"实际上是生命和价值创造的过程，即所谓"生生不息"的意思，从天道到人心，都是如此，只是对人而言，心的创造形成了自觉的道德意识，即所谓"主体意识"。与其说孟子的道德人性论是实体论，不如说是过程论更为恰当，这种过程论正是以"生"为其创造过程，以"善"为其终极目的。总之，命是生命价值的创造之源，情是生命价值的创造之根，性即存在于情之中，心是生命价值的创造主体即执行者，善则是目的而不是实体性的"理念"。这就是动态的天人合一之学。

孟子认为，人人都有仁义之性或义理之性，即道德理性，这是人的价值和尊严之所在。因此，人人都会由此而生出一种喜悦之情，"悦"是一种自我体验式的道德情感，孟子称之为"理义悦心"。

---

① 《尽心上》12章。
② 《孟子译注》，北京：中华书局1984年版，第369页。

他说：

> 故曰，口之于味也，有同耆焉；耳之于声也，有同听焉；目之于色也，有同美焉。至于心，独无所同然乎？心之所同然者何也？谓理也，义也。圣人先得我心之所同然耳。故理义之悦我心，犹刍豢之悦我口。①

孟子用人人都有共同的感性知觉证明人人都有共同的道德理性，即"理义"之性；进而由人人都喜欢美味、美声、美色，证明人人都喜欢理义之性。这也是一种类比逻辑，不过，这里所说的"感性知觉"，却不完全是生物性的，而是具有人类审美和文化特征的，是美学性的。他举例说，口对于味道，天下之人都有相同的嗜好，但与犬马是不同的，因为人是同一"类"而与犬马不是同一"类"。易牙是古代公认的美食家，易牙所喜欢的，天下之人都喜欢，这就证明人人的口味是相似的。耳之对于声音，也是一样。师旷是公认的音乐大师，天下之人都希望达到师旷的欣赏水平，这就证明人人的听觉是相似的。目之对于色，也是如此。提起子都，天下之人无不知其美丽，不认为子都美丽的人，就如同没有眼睛一样。因此，对于口味，人人有共同的嗜好；对于声音，人人有共同的听觉；对于容色，人人有共同的美感。孟子在这里所讲的，实际上是美食文化、听觉艺术和视觉艺术的问题，不是一般地讲感性知觉和感性欲望，就是说，在感性知觉之中有

---

① 《告子上》7章。

共同的审美标准,或所谓"共通感"(康德语)。

孟子由此进而提出,人心就没有共同之处吗?当然有。人心的共同之处,就是"理",就是"义",圣人只是先于我而自觉到人心的共同之处。因此,理义之能使我心喜悦,就如同家畜之肉能使我的口味喜欢一样。通过人人有共同的审美意识,论证人人有共同的道德意识,这是孟子人性学说的一个重要特点,它同时说明,美感与道德感既有同又有异,这就是美感必须是感性的,而道德感则是理性的,但是,二者又不是决然对立、毫无关系的。人之所以有共同的美感,说明其中有客观普遍性的原理;而道德理性之所以能使人"悦",则明明是讲情感体验的。如果就"悦"而言,都是讲情感体验的,并没有什么不同。所不同的是,美感是有具体内容和对象的,美感是主观的,但对象是客观的。而道德感则完全是一种"自悦"。因为"理义"就在人的心里,它本身即能唤起情感的喜悦;反过来说,喜悦之情是以道德理性为其自身"对象",也可以说是情感的自我理性化、对象化。牟宗三先生用"在其自己"一词说明本心之仁,并且说成是"呈现",由此说明"理义悦心"之"悦"是"自悦自觉",是活动,这些都是很深刻的;但是他又说:"孟子说埋义悦心就完全是从本心仁体上说,并不视之为感性的。"[①]按牟先生所说,感性与理性是完全对立、无法统一的。但是,如果没有感性,"悦"便无从说起。而理义之悦心,正是感性与理性的统一,对此不能用感性、理性二元对立的思维

---

① 《牟宗三新儒学论著辑要》,北京:中国广播电视出版社1992年版,第367页。

去思考。所谓"统一",也不只是只有自上而下的"下贯"之义,更重要的是自下而上的"上达"之义。这也许正是孟子与康德的不同之处。孟子并不否定"理义"有形而上的意义,但是如前所说,它是作为道德情感的"本质"而存在于情感之中的,不是在情感的"背后"有一个理性体,即不是超情感的本体即实体。当情感体验活动发生时,理义便"呈现"出来,便自然而然地产生喜悦。

最后谈谈"良知"的问题。"良知"范畴最先是由孟子提出的,对后来的儒学发展产生了很大影响。明代的王阳明,便以"良知"为其学说的核心范畴,以"致良知"为其学说的基本宗旨。但是,今人对"良知"的解释,并不完全一致。有人认为,"良知"就是"是非之心"即智;有人认为,"良知"是道德本体;有人认为,"良知"是道德知识;还有人认为,"良知"是道德意志。最近有学者提出,"良知"有"隐默之知"的面向,而所谓"隐默之知",简单地说,就是一般人具有的未加反省的道德意识。① 正因为如此,"良知"有待于反省而作出道德判断。这后一种看法有一定的道理,但是,它除了避开良知的来源问题之外,并未说明良知不仅有待于反省,从而提高理性的作用和地位;而且更需要操持即实践,更需要依靠直觉体验,才能进入真正的"内部自由"。

孟子曰:"人之所不学而能者,其良能也;所不虑而知者,其

---

① 李明辉:《康德伦理学与孟子道德思考之重建》,(台湾)"中央研究院"中国文哲研究所印行,1994年版。

良知也。孩提之童无不知爱其亲者,及其长也,无不知敬其兄也。亲亲,仁也;敬长,义也。无他,达之天下也。"①

"不学而能"之良能与"不虑而知"之良知都是先天带来的,但不是"无自而来"的,是有所禀受的,这就是自然界的生命创造。良能是从能力上说的,良知是从知识上说的,但二者又是不能分开的。当我们通常用"良知"来表述先天的道德意识的时候,"良能"就包涵在其中了。孩童不虑而知道爱其亲,同时也就在行动上爱其亲了,不是说只有知道爱其亲的模糊知识而已,更重要的是,在情感上、在行动上实实在在地表达其爱了。中国哲学的情感特征和实践特征,在孟子的人性学说中表现得很明显。

如果说,"良心"主要是从情感("四端"之心)上说,那么,"良知"主要是从知识上说。但是,二者都是讲人的道德意识,前者是情感意识,后者是智性意识。"良"即是"良贵"之良,亦即"善"的意思。"良知"就是善的意识或知识。后来,佛教有"善知识"之称,是指信徒而言,其实,它是从"良知"演变而来的。"良知"就是善性的自我知觉,这种知觉完全是自发的,或出于"本能"的,因而需要"思"即反思,从而作出理性判断,但它本身就是具有普遍性的,不是个人的,"亲亲"与"敬长"既是良知,又是善性(仁义),因为它能够通行于天下,只需赋予理性形式而已。从根源上说,这是从每个人的那一点

---

① 《尽心上》15章。

"良知"发展而来的。孟子之所以赞赏"赤子之心",也是出于这个考虑。"孩提""赤子"之心是最纯真的,因为他那点"良知"并未受到破坏。所谓"隐而未显",只是未加理性的反思,但不能说其中没有普遍性,反思的意义就在于,使其普遍性形式,以理性的方式显示出来,并且成为人人能够言说的。在这里,反省之"思"与体验之情完全合一的,不能仅仅从"知"上去理解"良知"。

五、反求诸己

孟子通过人性论,建立了道德自律学说,确立了人的道德尊严,为人的内在自由指出了一条道路,同时也为人的幸福指出了方向。

在孟子的心目中,幸福并不是以外在的富贵为标准,恰恰相反,是以实现自己的人性,从而得到精神上的享受即快乐为最大的幸福。这一点与孔子是一脉相承的。

怎样才能实现人生的最大幸福呢?孟子提出的根本方法就是"反求诸己",即求之于内心,而不是向外追求,既不是追求物质财富,也不是追求最大权力。幸福是人人渴望并追求的,每一种哲学都有自己的幸福观,都要回答什么是幸福以及提出实现幸福的方法。孔子、孟子所建立的儒家哲学也不例外。但是,他们的基本价值取向,是向内而不是向外,是内求而不是外求。正如冯友兰先生早就说过的,中国哲学是"直接地在人心之内寻求善和幸福",既不是通过信仰上帝,也不是通过"认识自然、征服自然、控制自然"[1]以得到幸福。在今天的社会里,人们的幸福观发生了很大变化,但是,有人却深有体会地说道,"金钱和财富只是身外之物,并不能换来幸福"。这一人生智慧,正是从儒家哲学中得来的,不管他是自觉还是不自觉地说出的。

孟子说:

> 仁则荣,不仁则辱。今恶辱而居不仁,是犹恶湿而居下也。……今国家闲暇,及是时,般乐怠敖,是自求祸也。祸福无不自己求之者。《诗》云:"永言配命,自求多福。"《太甲》曰:"天作孽,犹可违;自作孽,不可活。"此之谓也。[2]

在孟子看来,荣辱是由人的内在德性(仁)决定的。人有仁德,就会受到尊重,如无仁德,则会受到耻辱,因此,要以完成自己的仁德来求得尊荣。人人都愿意得到尊荣而不是耻辱,但是,如果不培养自己的仁德,就等于厌恶潮湿却又居住在低洼之地一样,事与愿违,适得其反。无论祸还是福,无不是由自己求来的。《诗经》中所说的永远配合天命,自己寻求幸福,以及《尚书·太甲》中所说的天降灾害,犹可躲避,自己作孽,则无处逃脱,都在说明,幸福就在自己心里,不在别处。"永配天命"是就实现人性而言的,当然是靠自己求得幸

---

[1] 《为什么中国没有科学》,《三松堂全集》第11卷,郑州:河南人民出版社2000年版,第11页。

[2] 《公孙丑上》4章。

福;"自作孽"则是弃善从恶,做出伤天害理之事,必然是自遭祸殃。

如何与人相处,能不能得到别人的回报,有没有愉快感、幸福感,只能求之于自己,不能求之于别人。以德相处,则报之以德,以仁相向,则报之以仁,同时也就得到了应有的尊严,感受到精神的快乐。

> 孔子曰:"里仁为美。择不处仁,焉得智?"夫仁,天之尊爵也,人之安宅也。莫之御而不仁,是不智也。不仁、不智、无礼、无义,人役也。人役而耻为役,由(同"犹")弓人而耻为弓,矢人而耻为矢也。如耻之,莫如为仁。仁者如射,射者正己而后发;发而不中,不怨胜己者,反求诸己而已矣。①

"里仁"者"居仁",即居于仁德。"美"就是好,就是快乐,也就是幸福。孟子用"天之尊爵,人之安宅"形容仁,正说明仁德才是人的尊严和幸福之所在,"尊爵"代表尊严,"安宅"代表幸福,不过,这既不是人间的爵位,也不是有形的深宅大院,而是天所给予的德性,这才是精神上的安居之所。孔子和孟子都不反对掌握知识,获取财富(只要合于"义"),但这并不是真正的人生智慧。人生的智慧,是以仁为基础的,而仁是由自己决定的,没有任何力量能够阻止;如果无人阻止而自己不仁,那就是不智。人如果不仁不智,又无礼无义,就只能做别人的仆役。仆役是无幸福可言的。作了仆役而又以仆役

---

① 《公孙丑上》7章。

为耻,就好比造弓之人以造弓为耻,造箭之人以造箭为耻,这是怪不得别人的,因为这是由自己选择的。如果真以此为耻,就只有"为仁",即实践仁德。实践仁德就如同射箭一样,射箭之人只有端正自己的心态,然后才能发箭,如果发而不中,则不能埋怨胜过自己的人,只有"反求诸己"即自躬自省而已。

"反求诸己"也就是"反求诸心","反求诸心"是为了"存心",即存养心中之性(仁义礼智)。人能存养心中之性,便能得到最大的幸福,即天人合一之乐,在日常生活中与人相处,便能受到别人的尊重,享受到心中之乐。

> 孟子曰:"君子所以异于人者,以其存心也。君子以仁存心,以礼存心。仁者爱人,有礼者敬人。爱人者,人恒爱之;敬人者,人恒敬之。"①

"反己"之学也就是"存心"之学,即返回到自己的心里,不断进行反省,完成自己的德性,并见之于自己的行动。"以仁存心"就是存心中之仁,不是从外面拿来一个仁存于心中。"以礼存心"也是如此。关爱别人的人,会受到别人的关爱;尊敬别人的人,会受到别人的尊敬。这就是人与人之间的相处之道,也就是寻求幸福之道。"爱人不亲,反其仁;治人不治,反其智;礼人不答,反其敬。行有不得者,皆反求诸己,其身正而天下归之。《诗》云:'永言配命,自求多

---

① 《离娄下》28章。

福.'"① 爱人而人不亲近我,则反问自己是不是尽仁了?管理别人而未管理好,则反问自己是不是尽智了?礼敬别人而人不回答,则反问自己是不是尽礼了?任何行为如果得不到应有的结果,都要反问自己,只有自己端正了,天下之人才会归向他,幸福就是这样求来的。

如果有人对我蛮横无理,君子必然会反躬自问,一定是我不仁,我无礼,不然,怎么会以这种态度对待我呢?反躬自问之后,我确实做到了仁,做到了礼,那人仍然蛮横无理,君子必然会反躬自问,一定是我不忠。反躬自问之后,我确实做到了忠,即诚心诚意、忠心不渝,那人的蛮横无理却依然如故,君子就会说,"此亦妄人也矣",即一个狂妄之人罢了,这样的人和禽兽有何区别呢?对于这样的人又责怪什么呢?因此,"君子有终身之忧,无一朝之患也"。② 这里所说的"忧",即忧患意识;这里所说的"患",即一时的患难。君子有终身的忧患,却没有一时的患难,这意思是,君子以不能完成内在德性为忧,而不以碰到外在的遭遇为患。所忧者,"舜,人也;我,亦人也。舜为法于天下,可传于后也,我由未免为乡人也,是则可忧也。忧之如何?如舜而已矣。若夫君子所患则亡矣。非仁无为也,非礼无行也。如有一朝之患,则君子不患矣"。③ 这是说,舜是人,我也是人,但舜垂范于天下,流传于后代,而我却是一个平平常常的人,这才是

---

① 《离娄上》4章。
② 《离娄下》28章。
③ 同上。

我所忧的。忧又怎么样呢？以舜为榜样就是了。非仁之事不做,非礼之事不行。至于一时的患难,并不是没有,而是君子并不以为患。这就是孟子的幸福观。

这与前面所说,"祸福无不自己求之者",并不完全一样。按照前面所说,幸福与祸患都是现实的,也都是由自己招来的,其中包含着为善则得福,为恶则得祸的意思,也就是"德福一致"的意思。照这里所说,在通常情况下,是"德福一致"的,但在有些情况下,则德福不能一致,只是遇到这种情况时,君子可以做到不以患为患,只求得内心的安稳与快乐,并以此为幸福。这是儒家所遇到的一个普遍性的问题。不止儒家,很多哲学家都会遇到这样的问题。不过,儒家的解决方式,是以内心的善为幸福。孟子就是一个代表。

这个问题最终又回到人与自然界的关系这个最基本的问题:自然界既然赋予我以仁德,那么,我与自然界的万物便有一种内在的生命联系,万物都在我的仁德之中,都在我的生命关怀和关照之中,这就是著名的"万物皆备"之说。

> 孟子曰:"万物皆备于我矣。反身而诚,乐莫大焉。强恕而行,求仁莫近焉。"[①]

过去有人将"万物皆备于我"解释成万物存在于我的心中,因而是主观唯心论。后来又有人解释成万物虽不在我心中,但是,有待于我

[①] 《尽心上》4章。

的知觉而知其存在。还有人解释成万物的"意义"在我心中,即万物因我的意识而有意义。第一种解释很少有人坚持了,第二种解释则难以说明万物何以"皆备于我"。第三种解释似乎有一定道理,但真正的问题在于,我的"意识"指何种意识?如果是认识论意义上的先验意识,那么很难说孟子有这种意识。我认为,孟子的"万物皆备于我"显然不是说,万物皆备于我的感性直觉或直观之中,因为感性知觉与万物的关系是"物交物"的关系,正因为是相"交",所以容易被外物所"引"。那么,"外物皆备于我"就只能是皆备于心,但是,心既有"思"的功能,又有"存在"之义,"四端之心"就是存在意义上的心,其存在本质即所谓性。性就是德性,这是心所"固有"的。因此,"万物皆备"只能是"备"于德性之心,即在道德情感的关照之中。这样,才有"反身而诚,乐莫大焉"的问题。"乐"就是情感体验,返回到自身,诚实而无欺伪(诚的反面即伪),就会体验到最大的快乐。这正是仁者之乐。正因为如此,才有"求仁"的问题。仁就在心中,"求"者自求。求仁的方法,就是孔子提出的"恕道"。所以孟子又说:"强恕而行,求仁莫近焉。"即努力不懈地按推己及人的恕道而行,则求仁没有比这更切近的了。需要指出的是,孟子所理解的"恕",不仅是推己及人,而且是推己及物,这与他的"仁民而爱物"之说是完全一致的。但是这一切,都是以"反身"为出发点,都是"反身"之学。

六、人性与环境

孟子提出了自主自律的人性学说,认为决定人的行为善恶的是自己,而不是别人,也不是环境。但是,他并不否定环境的作用,正相反,他很重视环境的作用。前面我们已经陆续地谈到这一点,现在再集中地谈谈这个问题。

人性在每个人的心里,心是主体性的标志,含有"自我"的意思,但这不是完全个体化的自我,不是西方哲学所说的"自我意识"。这里所说的"自我",是自我做主自我决定的意思,我的一切行动都是由我自己决定的,在这个意义上,"我"是个体的;但是,就人性而言,它又是普遍的,人人具有的,从这个意义上说,心也有普遍性,即人人有同心,这就是道德心。因此,心既是个体的,又是普遍的,是个体性与普遍性的统一。从"作决定"的意义上说,是个体的,每个人都有一个心,各自不同;从心之所以为心的存在本质而言,它是普遍的,人人都有共同的道德人性,人与人之间没有什么不同,这就是孟子讲人是同一"类"的原因所在。

正因为在"作决定"的意义上,人是个体的,各自不同的,因此,人性能不能实现的问题就显得十分重要了。按照孟子所说,个体的心是"出入无时,莫知其乡"的,而道德心则是"操则存,舍则亡"的,而"操"与"舍"正是由个体的心来掌握的,在这里,个体的心起重要作用。这就涉及人性与环境的关系问题了。

人生活在现实中,生活在与他人、他物的关系之中,人心、人性也是在同万物的关系中表现出来的。人不仅作用于外部环境,外部环境对于人性也是有作用的。孟子不仅肯定了外部环境对于人性的作用,而且具体说明了这种作用有积极和消极、有益和有害两方面。从积极的方面说,好的环境能促进人性的健康成长和发展,可说是人性发展的促进因素;从消极的方面说,不好的环境能阻止甚至破坏人性的健康成长和发展,可说是人性发展的破坏因素。

首先,孟子举了一个生动的例子说明环境对于人性的作用。他对宋国的大臣戴不胜说,你想使你的君王学好吗?我明白告诉你:这里有一位楚国的大夫,希望他的儿子会说齐语,是找齐国人来教呢?还是找楚国人来教呢?回答是找齐国人来教。于是孟子说:

> 一齐人傅之,众楚人咻(xiū,喧哗)之,虽日挞而求其齐也,不可得矣;引而置之庄岳(齐国都城临淄的街里名,庄是街名,岳是里名)之间数年,虽日挞而求其楚,亦不可得矣。①

虽是请齐人来教齐语,但是,如果只有一位齐国人来教,周围都是楚国人喧哗干扰,即便是天天鞭打他,教他学齐语,也是做不到的;如果带他到齐国国都的闹市里住上几年,即便是天天鞭打他,使他说楚国话,也是做不到的。戴不胜认为,薛居州是一位"善士",想要他

---

① 《滕文公下》6章。

住在王宫以影响宋王;但是孟子认为,在王宫中的人,不管长幼尊卑都是薛居州一样的好人,宋王同谁去干坏事呢?如果都不是好人,宋王又同谁去干好事呢?所以,一个薛居州,能把宋王怎么样呢?①

这个例子,虽然是用学齐语比喻环境对于做好事或是做坏事的作用,但是实际上是讲人性的问题。在孟子看来,人的所作所为,都是由人性决定的,从这个例子来看,人性是可变的。孟子说过,以君为不仁,是"贼其君者也",这说明做人君的,本性上都是仁的、善的,但是,能不能做出仁道之事,做出善事,环境的作用是很大的。也就是说,环境既能够促进善性的实现而做好事,也能够使善性沉沦而做恶事。一个薛居州,虽然是"善士",却不能改变整个的环境,正是整个大环境能使人性发生改变。

所谓人性发生改变,实际上是说,使本有的善性丧失了。而所谓"丧失",也不是真的从自己的身上彻底消失了,而是因外部环境的作用而被摧残了。这就是孟子所说的"放其良心"。

> 虽存乎人者,岂无仁义之心哉?其所以放其良心者,亦犹斧斤之于木也,旦旦而伐之,可以为美乎?其日夜之所息,平旦之气,其好恶与人相近也者几希,则其旦昼之所为,有梏亡之矣。梏之反复,则其夜气不足以存;夜气不足以存,则其违禽兽不远矣。人见其禽兽也,而以为未尝有才焉者,是岂人之情也

---

① 《滕文公下》6章。

哉? 故苟得其养,无物不长;苟失其养,无物不消。①

"仁义之心"就是仁义之性,亦即"良心"、善心。人之所以丧失他的善良之心,就如同斧子对于树木一样,天天去砍伐,它能够茂密而成为美丽的森林吗? 他日日夜夜地有所养息,早晨接受清明之气,这些都使他的好恶之心,与其他人有相近之处,但是,白天的所作所为,又将它破坏、消灭了。反复地进行破坏,就如同天天用斧子砍树一样,则其善心不能存在。既不能存在,便和禽兽相距不远了。人们看见他就如同禽兽一般,便以为他没有善良的才质,这难道也是人的实情吗? 当然不是。其实,人人都有为善的才质,看他善养不善养罢了。孟子从这里得出结论说:如果能得到滋养,任何东西没有不生长的;如果失去了滋养,任何东西没有不消亡的。正如树木需要阳光和雨露滋养一样,人性也是需要滋养的。从这个意义上说,良好的环境对于人性的发展是至关重要的。

养心、养性,既有"内养",又有"外养"。所谓"内养",是从主体自身进行修养,如"养心莫善于寡欲"之类;所谓"外养",则是从外部进行护养,这就需要良好的环境和条件,如同阳光、雨露之对于树木生长一样。孟子经常运用这一类的比喻来说明这个道理。他又说:

> 拱把之桐梓,人苟欲生之,皆知所以养之者。至于身,而不知所以养之者,岂爱身不若桐梓哉? 弗思甚也。②

---

① 《告子上》8章。
② 同上书,13章。

巴掌大的桐树梓树，如果想要使它生长，都知道如何去培养。至于自己的身体、心性，却不知道去培养，难道爱自己的身体、心性还不如爱桐梓之树吗？孟子这里所说的"身"，不仅仅是指身体，而是包括身体和心性在内的完整的生命；而这里所说的"养"，主要是指外部条件和环境，这正是用"养树"来比喻"养身"的用意所在。树木自身是有生命的，是会生长的，但是必须要有适合其生长的环境和条件，才能顺利成长。人性也是如此。

相反的情形则是不利于人性的发展，甚至造成对人性的破坏和摧残。孟子又用树木生长的比喻来说明这个道理。

> 孟子曰："无或（即惑）乎王之不智也。虽有天下易生之物也，一日暴之，十日寒之，未有能生者也。吾见亦罕矣，吾退而寒之者至矣，吾如有萌焉何哉？"[①]

天下虽然有很多容易生长的植物，但是，如果暴晒一日，又寒冻十日，没有能够生长好的。人也是一样。我本想使王聪明起来，但是，与他相见的次数太少，退居在家，将他冷淡到极点，这样他虽有善良之心的萌芽，我又能对他有何帮助呢？这就如同将树木"一日暴之，十日寒之"一样，不仅不能促进其生长，而且会破坏其生长。

正因为不同的环境对于人性有不同的作用，因此，要创造一个良好的社会环境，使人性得到全面发展，这是孟子的一个重要思想。

---

① 《告子上》9章。

他的许多社会政治主张和经济主张,在某种意义上可以看作是实现这一理想的重要途径,因为一切社会政治问题,归根结底是人的问题。

但是,外部环境最终还要通过人自身而起作用。因此,对"君子"而言,最重要的是,不管在什么环境下,都要加强自身的修养。好的环境固然可以成为促进人性发展的有利条件,而不好的环境,则要做到不受其影响。这是很难的,但也是可贵的。这就如同学棋一样。奕秋是全国的棋圣,如果让他教二人学棋,其中一人专心致志只听奕秋教棋;另一人虽然也听,但心里却想着有天鹅要飞来,一心想拿弓箭去射,虽然与别人一同学习,成绩却肯定不如人家。这是由于聪明不如人家吗?当然不是。在同样的条件下,却有不同的结果,这就不是客观条件的问题,而是个人的问题;也不是由于个人的人性有什么不同,而是由个人的态度、意志决定的。

如果由于受外部环境的影响而丧失了本性,就是"放其良心";既然已"放",就要"求其放心"。这是为学的根本任务。

> 孟子曰:"仁,人心也;义,人路也。舍其路而弗由,放其心而不知求,哀哉!人有鸡犬放,则知求之;有放心而不知求。学问之道无他,求其放心而已矣。"[①]

以仁为"人心",说明仁就是本心、良心;以义为"人路",说明义就是

---

① 《告子上》11章。

人心自身所遵循的规则,即自律。仁义虽是人心所固有,但也容易"放失",即受到摧残;"放失"而不知求,才是最大的悲哀。人有放失鸡犬而知求之,放失仁义之心而不知求,这说明求鸡犬并不是出于仁心,而是出于利益。为了利益可以去求,放失仁心而不知求,这是颠倒了轻重缓急,是人生中的一件大事。因此,要全力以赴地去收回,所谓"学问之道",从根本上说就是"为人之道"。

但是,人之所以"失其本心"者,是有原因的,最主要的原因就是,受外部环境的作用,特别是受物质利益的引诱,以追求物质利益为唯一目的。人之有欲望,本来是正常的;不仅如此,在满足欲望的时候,还要求得最大的利益,但是,有一个基本原则,就是不能违反仁义之性、仁义之心。当二者发生冲突时,则必须服从仁义而放弃利益;如果失掉了,则要"收"回来。在这里,外部环境和物质利益是联系在一起的。孟子说,鱼是我所欲求的,熊掌也是我所欲求的,如果二者不能兼得,当然要舍掉鱼而求熊掌。这说明人不仅要求利,而且要求更大的利。但是,还有比这更重要的东西,这就是义。活着是我所欲求的,但是我所欲求者,有比活着更重要的,因此,不能苟活;死亡是我所厌恶的,但是,我所厌恶者,有比死亡更重要的,因此,有些患难我不躲避。如果人的欲求没有比活着更重要的,那为什么凡是求活的方法,有人不用? 如果人的厌恶没有比死亡更重要的,那为什么凡是避免患难的方法,有人不用? 由此便可证明,有比活着更重要的欲求,有比死亡更重要的厌恶。这就是为什么要"舍生取义"①的道理。

　　一箪食,一豆(盛汤的器具)羹,得之则生,弗得则死,嘑(同"呼")尔而与之,行道之人弗受;蹴尔而与之,乞人不屑也;万钟则不辨礼义而受之。万钟于我何加焉?为宫室之美、妻妾之奉、所识穷乏者得我与?向为身死而不受,今为宫室之美为之;向为身死而不受,今为妻妾之奉为之;向为身死而不受,今为所识穷乏者得我而为之。是亦不可以已乎?此之谓失其本心。②

不吃"嗟来之食",却接受万钟的俸禄,可见,宫室、妻妾等物质美色之享受对人有多大的吸引力。但是,前者之不受,是为了人性的尊严;后者的接受,却是"不辨礼义",即违反了道德人性,既然如此,难道不可以停止吗?

　　总之,在一定的环境条件之下,只要符合人性的要求,人是可以选择最大利益的;但是,超出了这个范围,就要作出慎重的抉择,决不能随着环境的改变而使人性也发生改变,相反,要保持自己的人性,维持自己的人格。这是能够保持尊严的唯一方法,"君子"之所以值得尊敬,就在于此。

---

① 《告子上》10章。
② 同上。

| 第八讲 |

人格修养与境界

一、"不动心"

二、"养吾浩然之气"

三、"大丈夫"精神

一、"不动心"

"不动心"是孟子人格修养的一个重要方式。所谓"不动心",就是坚守自己的心志,不为外界的任何力量所动摇、所震撼。孟子认为,在各种各样的复杂环境之下,能不能做到"不动心",即不为任何外界力量所动摇,是君子人格的重要标志之一。

孔子有知、仁、勇"三达德"之说,即"知者不惑,仁者不忧,勇者不惧。"①其中的"勇者不惧",就是讲君子的勇敢精神的。而孟子的"不动心",也正是从孔子的这些思想发展而来的。但是,孟子以其人性论为根据,因而更强调内在的精神力量。

孔子的学生子路,以勇敢而闻名。有一次,子路请教孔子,什么

---

① 《论语·子罕篇》29章。

是强？孔子说："南方之强与？北方之强与？抑而（即汝，指子路）强与？"这是说，勇或强是因地域或人的不同而有不同表现的。孔子进一步解释说："宽柔以教，不报无道，南方之强也，君子居之。衽（音壬，席也，披也）金革，死而不厌，北方之强也，而强者居之。故君子和而不流，强哉矫（朱熹注：'矫，强貌'）！中立而不倚，强哉矫！国有道，不变塞焉，强哉矫！国无道，至死不变，强哉矫！"①孔子的意思是，以宽容的态度教育人，但是对于蛮横无道之人，却不回报，这是南方的强者。披金戈、穿甲胄，勇敢向前，至死不惧，这是北方的强者。君子应当是和顺而不陷于流俗；立于中道而不偏倚；国家有道，不改变未曾如愿的持守；国家无道，则不改变平生之所守。这实际上是针对子路的"好勇"而提出来的君子之强的标准，含有"中庸"的意思。

孟子的"不动心"，也是从何谓勇敢这个问题开始的。孟子的学生公孙丑问孟子："夫子加齐之卿相，得行道焉，虽由此霸王，不异矣。如此，则动心否乎？"意思是，老师如果身居齐国的卿相，便可实行自己的主张，或兴霸业，或成王业，都是没有疑问的。如果真是这样，您是不是有所恐惧而动心呢？

孟子曰："否！我四十不动心。"②

---

① 《中庸章句》第 10 章，朱熹：《四书章句集注》，北京：中华书局 1983 年版，第 21 页。
② 《公孙丑上》2 章。

孟子很果断地说道,他四十岁就做到"不动心"了,即没有任何恐惧感或足以使他发生动摇的压力了。孔子说他"四十而不惑",孟子说他"四十不动心",这是很有趣的对照。"不惑"是立身行事不会发生疑惑,"不动心"也有这层意思,但是更加突出了意志的坚定性,有一种攻无不克的精神力量。正因为如此,公孙丑又说:"若是,则夫子过孟贲远矣。"孟贲是古代最有名的勇士,"过孟贲远矣",就是比孟贲还要强得多了。但是,孟子却说:"是不难,告子先于我不动心。"意思是这个并不困难,告子已经先于我而做到"不动心"了。这说明,"不动心"是讲勇敢精神的,但似乎又是有区别的,且有各种各样的"不动心"。这就引出了公孙丑的又一个问题:"不动心有道乎?"孟子的回答是"有"。

孟子举出了几种"养勇"的方法,并且进行了比较:

北宫黝和孟施舍都是善于"养勇"之人,但他们代表了不同的"养勇"方法。北宫黝的养勇方法是,身体受到伤害时,毫不退却,面不改色;如果受到一点点伤害,就好比在闹市和朝堂之上被人鞭打一样,既不能忍受卑贱之人的侮辱,也不能忍受大国君主的侮辱,把刺杀大国的君主看成与刺杀卑贱之人一样,毫不畏惧各国的君主,如果挨了骂,则必然反击。孟施舍的养勇方法则是,对于不能战胜的敌人,就如同能够战胜的敌人一样看待;如果估量敌人的实力而后前进,考虑胜败而后交锋,那就是惧怕敌人的众多兵力。我哪能必须打胜仗呢?只是能无所畏惧罢了。孟子认为,孟施舍的养勇方法像曾子,北宫黝的养勇方法像子夏。此二人的养勇方法,不知谁的方法更好,但是,有一点是可以肯定的,这就是孟施舍的方法比较简约。事实上,曾子比较内向,子夏比较外向;曾子重视一贯,子夏重视细节。从这个角度看,孟子更倾向于曾子。曾子曾经对他的学生子襄说过,你喜欢勇敢吗?我从老师那里听说过什么是大勇,反身自省,如果不理直气壮,即使是卑贱之人,我也不敢惊吓他;反身自省,如果理直气壮,即使是千军万马,我也会勇往直前。孟子认为,孟施舍虽然能守住勇气,但是,又不如曾子那样简约。可见,孟子所说的"守约",又有程度上的区别。孟施舍的"守约",偏重于气的方面,故又称之为"守气";而曾子的"守约",则是反身自省,从精神道义上着力。[①]

那么,孟子是如何养勇呢?用他自己的话说,是"不动心"。但是,既然告子已经先于孟子而做到了"不动心",孟子的"不动心"与告子有何区别?

> (公孙丑)曰:"敢问夫子之不动心与告子之不动心,可得闻与?"
>
> 孟子曰"告子曰:'不得于言,勿求于心;不得于心,勿求于气。''不得于心,勿求于气',可;'不得于言,勿求于心',不可。夫志,气之帅也;气,体之充也。夫志至焉,气次焉;故曰:'持其志,无暴其气。'"

---

① 见《公孙丑上》2章。

"既曰'志至焉,气次焉',又曰'持其志,无暴其气'者,何也?"

曰:"志壹则动气,气壹则动志也。今夫蹶者趋者,是气也,而反动其心。"①

孟子对告子的"不动心"进行了评论,在评论的过程中,阐明了自己的主张。告子提出了三个重要范畴"言""心"和"气",并说明了三者的关系。所谓"言",是指语言或言语;所谓"心",是指心志或意志;所谓"气"是指勇气或意气。告子认为,言、心、气三者是有区别的。如果在语言上无所得,即未能通达明白,就不必求之于心志,而要在语言上再下功夫;如果心志未有所得,即未能安稳,则不必求之于勇气,而要在心志上去下功夫。这样,就能做到"不动心"了。

孟子则认为,告子"不得于心,勿求于气",即心志未安,则不必求之于勇气之说,是可以的;但"不得于言,勿求于心",即在语言上无所得,则不必求之于心志之说,是不可以的。二人的区别,主要在"言"和"心"的关系问题上。在告子看来,语言(或言语)是客观的、外在的,有其自身的意义;心志则是主观的、内在的,只是人自身的心理状态。语言上的所得,可以作用或内化于心志,使心志得到安定,而心志本身,只能靠控制的办法使其不动,而不能求其内在的义理以安定其意志。因此,告子比较看重外部的语言功能,强调首先

---

① 《公孙丑上》2章。

要在语言上有所得,如果语言上无所得,则不能直接从心志上求"不动"。这与他的"义外"之说是一致的。"义"既然是外在的,就必须靠语言来表达,从这个意义上说,语言之所得,就是"义"之所得,当然不能到内心去求。

但是,在孟子看来,"义"就在心中,是内在的,不是外在的,语言只是表达"义"的工具,从这个意义上说,语言固然重要,但心志是其根本,因而更重要。因此,如果语言上无所得,可直接求之于心,而不是只在外在的语言上求"得"。从语言学上说,告子重视语言的客观性、外在性的"意义",因而是"叙述式"或"陈述式"的理论;孟子则重视语言作为表达心志、心声的工具意义,因而是"表现式"或"表达式"的理论。这是二人在语言问题上的主要区别。但是,这并不意味着孟子否定语言的客观性,正如他并不否定义理的客观普遍性一样,只是在孟子看来,心灵才是义理、意志的发生地,也是语言的根源。

至于"不得于心,勿求于气"之说,孟子所以说"可",是因为在孟子看来,照告子所说,如果心志不安、不定,就不能专靠气使之安定即"不动",而要在心志上下功夫,只是在这一点上,孟子肯定了告子之说。但是,二人的理解是否完全相同,则是大可怀疑的。所谓"可"者,仅仅表示可以,并不是说已经很完备了。朱熹注说:"凡曰'可'者,亦仅可而有所未尽之辞尔。"① 这个解释是很恰当的,是能代

---

① 《四书章句集注》,第230页。

表孟子的意思的。

按照孟子的观点,精神性的心志是统帅气的,勇气只是充满身体的感性力量,是被统帅的。心志所到之处,勇气便随着表现出来。所谓"气次焉"的"次"字,固然是次要、其次的意思,但在这里,可以解释成随之而"至"、而"止"的意思。因此,孟子得出结论说:"持其志,无暴其气。"意思是,要持守、坚定自己的心志、意志,不能乱用自己的勇气。

这就出现了一个问题:既然"志至焉,气次焉",即气随志而到;又说"持其志,无暴其气",即在坚守心志的同时,又不能乱用自己的勇气。这岂不是前后不一致吗?按前一说,气是完全服从志的,志到哪里,气便到那里;按后一说,气不是随志而到,倒是有一定独立性。

在孟子思想中,经常会遇到这一类的问题,而孟子的解决,是富有"辨证"精神的。照孟子所说,志与气虽是主帅与相随的关系,但又是互相影响的。意志专一,勇气便随之转移,即意志专注哪里,勇气便随之转移到那里,这是毫无疑问的;但是,勇气专一,意志也会受到影响,从而发生动摇。比如,跳跃和奔跑之人,专注于身体之气力,反而能影响到意志,使其发生动摇。由此可见,孟子的"不动心",虽有主次之分,却又主张从心志和勇气两方面同时进行修养。当然,他最重视的是内在心志的修养,因此,他主张"尚志"。也正因为如此,他对"不得于心,勿求于气"可以说"可",而对于"不得于言,勿求于心"则断然说"不可"。

孟子的"尚志",是以仁义为其内在根据的,这就是"道德意志"。

王子垫问曰:"士何事?"

孟子曰:"尚志。"

曰:"何谓尚志?"

曰:"仁义而已矣。杀一无罪非仁也,非其有而取之非义也。居恶在?仁是也;路恶在?义是也。居仁由义,大人之事备矣。"①

"士"有文士,有武士,不知孟子和王子垫(齐王之子)所说,是指何士。照一般的理解,不管文士还是武士,都以"尚志"为"事",就是以树立高尚的意志为终身事业。可见,树立意志,对于士是多么重要。而所谓"尚志",不是别的,就是坚定地实行仁义。仁者爱人,故杀一个无罪之人,便是不仁;义即正义,故不是属于自己的东西而拿来,便是不义。仁好比人的安居之所,义好比人的行走之路,居仁而行义,大人要做的事就齐备了。这里所谓"大人",是道德高尚之人,"士"是指社会职业和地位而言的,是"士农工商"之士,"大人"则是指境界而言的。但士也可以成为"大人",即达到"大人"的境界。孟子说:"待文王而后兴者,凡民也。若夫豪杰之士,虽无文王犹兴。"②等待文王出来而后奋发有为的人,只是一般的凡人。至于"豪杰之士",虽然没有文王这样的圣王出现,也会奋发有为。"豪杰之士",

---

① 《尽心上》33章。
② 同上书,10章。

就是士之"尚志"者,即"居仁由义"之人,这才是真正的大勇。大勇之人自然能做到"不动心"。

但是,孟子又提出"动心忍性"之说,对此,又如何解释呢?

> 孟子曰:"舜发于畎亩之中,傅说举于版筑之间,胶鬲(gé)举于鱼盐之中,管夷吾举于士,孙叔敖举于海,百里奚举于市。故天将降大任于斯人也,必先苦其心志,劳其筋骨,饿其体肤,空乏其身,行拂乱其所为,所以动心忍性,曾益其不能。人恒过,然后能改;困于心,衡于虑,而后作;征于色,发于声,而后喻。入则无法家拂士,出则无敌国外患者,国恒亡。然后知生于忧患而死于安乐也。"①

孟子所举的这些人,都是身居卑贱之位,从事最平凡最艰苦的工作的人;但是,经过艰苦的磨炼,他们最终成为大有作为的圣人贤人。通过这些例子,孟子说明,天将重大历史任务降落到某些人的身上的时候,必须先使他的肠胃经受饥饿,使他的身体经受穷困,使他的行为总是不能如意,这是为了"动心忍性"即动摇他的"心",坚忍他的"性",增长他所缺乏的能力。人经常犯错误,才能改正;心志困苦,思虑阻塞,才能有所创造;表现在面部颜色上,发出在声音语言上,才能使人明白。一个国家也是如此,国内没有坚持法度的大臣和敢于纠正错误的士人,国外没有与之抗衡的敌国和各种各样的外

---

① 《告子下》15 章。

患,国家就会灭亡。由此便可知道,有忧患者才能生存,享受安乐者便要死亡的道理。

孟子的这些议论,包含着深刻的人生道理,这就是,人必须在艰苦的环境下,经受各种各样的磨炼和考验,才能有所作为,有所成就,其关键就是"动心忍性"。"动心"是从外部动摇其心志,使他不能安宁;"忍性"则是靠自己坚守自己的心性,坚定自己的意志。"动心"正是为了"不动心","忍性"正是为了培养人性。将极端不利的外部环境转变成非常有利的条件,使意志变得坚强,这正是人格培养的最可贵之处。经过"动心忍性"而后"不动心",才是真正的"不动心"。在一帆风顺的环境下,是不会造就出坚强人格的。这也是对"持其志,无暴其气"的最好解释,即只有在艰苦环境的磨炼之下才能显出"无暴其气"的可贵。孟子说他"四十不动心",既表现了他的自信,也表明了他的决心。

二、"养吾浩然之气"

在孟子的人格修养理论和实践中,"不动心"是基础性的也是第一步的功夫,主要是应对各种外部环境而有的以道德意志为特点的精神修养,但其中含有内外相对的意思。既有内外相对的意思,而又以自己的"不动心"相对应,虽然个人的"持志"起决定作用,但是,毕竟处于内外相对的"结构"之中;因此,还应当有进一步的修养。

这进一步的修养,应当是冲破内外界限,进入一个更高的境界,这就是"养吾浩然之气"。

因此,当学生公孙丑问道:"敢问夫子恶乎长?"即老师有何专长时,孟子说:"我知言,我善养吾浩然之气。"① 关于"知言",以后再讨论,现在谈谈"养浩然之气"的问题。

"养浩然之气"是孟子思想中最有特色的部分,也是人们最感兴趣的问题,但是,究竟什么是"浩然之气"? 当公孙丑提出"敢问何谓浩然之气"的问题时,连孟子自己也说"难言也",即不容易从概念上说清楚。虽然如此,孟子还是提出了他的说明。

其为气也,至大至刚,以直养而无害,则塞于天地之间。其为气也,配义与道,无是,馁也。是集义所生者,非义袭而取之也。行有不慊(qiè,快也)于心,则馁矣。我故曰,告子未尝知义,以其外之也。必有事焉而勿正,心勿忘,勿助长也。无若宋人然。宋人有闵(忧的意思)其苗之不长而揠(yà,拔也)之者,芒芒然(疲倦的样子)归,谓其人曰:"今日病矣!予助苗长矣!"其子趋而往视之,苗则槁矣。天下之不助苗长者寡矣。以为无益而舍之者,不耘苗者也;助之长者,揠苗者也。非徒无益也,而又害之。②

气是中国哲学中的一个十分重要的范畴,但是,有不同意义,不同用

---

① 《公孙丑上》2章。
② 同上。

法。一般认为,有两种意义:一种是物质存在,一种是精神状态。在通常情况下,这两种意义及其用法是清楚的,但是,在孟子的思想中,"浩然之气"究竟指何种气?或者两种意义都有?如果两种意义都有,又是什么关系?这是一个问题。更重要的是"浩然之气"与"持其志,无暴其气"之气有何关系?这更是需要直接面对和回答的问题。

首先需要指出的是,中国哲学中的气,都是与生命有关的,即使是解释自然现象的阴阳之气,也是含有生命意义的。至于孟子所说"气,体之充也"之气,更是直接讲生命的,与人的身体直接有关。充满身体之气就是指气力、体气等感性生命。"浩然之气"与"体之充也"之气,并不是毫无关系,但确实不能混为一谈。

"浩然之气"也是气,在这个意义上,它与"体之充也"之气,具有同一性。不能用精神与物质二元对立的思维模式去思考二者的关系。二者的区别是,"浩然之气"至大至刚。大者没有内外界限气之义。"体之充也"之气,是有内外界限的,只是指身体自身所具有的;"浩然之气"虽然也是吾所具有,却能冲破内外界限而"塞于天地之间",这就不是有限的感性物质之气所能解释了。刚者刚强勇敢之义,也就是勇气,但这所谓勇,已经不限于个人的勇力,而是一种无所畏惧、勇往直前的大无畏精神。大与刚连起来,就是具有无限性而能在自然界发生广泛作用的精神力量。但这是需要"养"的,就是说,"浩然之气"与"体之充也"之气,并不是根本不同的两种气,不是在"体之充也"之气之外,另有一种"浩然之气",关键在善养不善养而已。如果善养,"体之充也"之气就能够成为"浩然之气",如果不善养,就只是"体之充也"之气。人不能没有"体之充也"之气,孟子在讲"持其志,无暴其气"时,就是指"体之充也"之气而言的。但是,孟子不是仅仅停留于此,而是要进一步使"体之充也"之气冲破内外限制,具有无限的性质和作用,因而才有"养浩然之气"的学说的提出。"浩然之气"是"养"出来的,不是现成的。只有经过善养而不要伤害,才能"塞于天地之间"。一个"塞"字就足以说明,"浩然之气"仍然是气。

那么,怎样才能"养"浩然之气呢?人何以能有"浩然之气"呢?孟子提出"配义与道"的方法。这是"养浩然之气"的关键。

所谓"配义与道"的"配"字,很值得玩味。"配"者配合、匹配的意思,就是说,要在气上配之以道和义,或者说,气要与道和义相配合,而不是道与义配合。这分明是说,道义和气并不是一个东西,但是却能够相配、配合。在孟子看来,"体之充也"之气,只有配上道和义,才能"至大至刚";如果缺了道和义,气就会疲软而无力了。冯友兰先生说:"照孟子讲的'养浩然之气'的方法有两方面:一方面是了解一种义理,对之有确信,此可称为'明道';一方面是常做他认为所应该做的事,此可称'集义'。合此两方面,就是'配义与道'。此两方面的工夫,缺一不可。"[1]这个分析很精彩。但是,我想补充说明一点,就是道和义虽然可以分开说,一个从知上说,一个从行上说,但

---

[1]《三松堂全集》第8卷,第329页。

二者实际上是很难分开的。既然"明道"是了解一种"义理",就说明其中有义;既然"集义"是做他认为所应该做的事,也说明义中有道,即所谓道义。道既是大道即所遵循的道路,也是行走、实践的过程。孔子的"志于道",更能说明问题,它同时把"持其志"的志也带出来了,这既是思想上的理解,也是意志的实践行为。如同孟子所说的"居仁由义"一样,道和义都是在既"明"且"集"的过程中完成的,特别是在"养气"的实践中完成的,因为这一切都是通过气而实现的。

"养浩然之气"与"居仁由义""尽心知性""存心养性"不同之处就在于,它集中在"养气"上,即展现为一种具体的人格修养,是一种活生生的有生命力的感性实践活动。这也正是"养浩然之气"的特异之处,从中体现了孟子的"身体观"。人的身体是具体的,"体之充也"之气是在具体的实践活动中表现出来的,如同北宫黝、孟施舍的所为,但孟子却与他们不同,甚至与告子也不同,孟子的"浩然之气"虽然也在身体之中,其中却有道与义。

孟子进而指出,所谓"配义与道",不是从外边搭配进来的,即不是外面拿来一个义和道,配到气之中,道和义是主体自身本来具有的,所谓"配",只是主体自身的修养行为。因此,他又说:"是集义所生者,非义袭而取之也。""浩然之气"是自己内部集义而生出来的,不是由外部的偶然的正义之举就可以取得的。这里的"集义",是道义合说,由"义"字来表述。"集"是集聚、集合。按照孟子的"义内"之说,义本来就在人的心中,是人的内在本性,无所谓"集"与"不集"。但这里所说的义,不只是仁义礼智之义,而是泛指义理、道义,更重要的是,这是指"养气"而言的,因此,所谓"集义"就集于气,持久地集下去,浩然之气就会自然而然地生出来。这是对"配义与道"的更进一层的解释。检验"集义"的方法,就是"理义悦心",使心感到愉快,因而"行有不慊于心",即做某件事而心里不愉快,气也就疲软无力了。

这是针对告子而言的。告子的"不动心",正是将义看作外在的东西,以"义袭而取之"的方法来做到"不动心",这实际上是一种强制的办法,而不是由衷而生的办法,因此,便没有乐趣可言。"我故曰,告子未尝知义,以其外之也。"告子之所以未尝知义,就因为他将义看成是外在的,既然如此,也就无法"养"成浩然之气,而只能是从外面拿来。

"集义"是养浩然之气的核心,其实质是将道德理性渗透到身体的各个部分,渗透到一切行动之中,使自己的一举一动无不合于道义,这样,就会作用于整个自然界,包括人类社会,产生无形的力量,达到无限的境界。这就是"集义所生者",即不断将义理集聚于身体之气(体气)而"生"出浩然之气。后来的宋明理学家,讲"变化质气",讲"气象",就是从这里发展而来的。这实际上是感性生命的理性化[①]。所谓"生",不是无中生有,而是使体气完全被义理所灌注或融贯,成为义理的自我承担者,因而具有极大的能动性。

从方法上讲,养浩然之气完全是自然而然地顺养,即顺着生命

---

① 参见蒙培元:《中国心性论》,台北:台湾学生书局1990年版,第39页。

的自然生长而养之,既不是"舍"之而不顾,也不是"助"之使其生长。这就是"必有事焉,而勿正,心勿忘,勿助长"。这里提出"心"字,说明是以心养气,而不是以气养气。这里所说的心,是主体范畴,即养气在我,而不在别人;同时是以心中义理养之。但这种养气的方法,是在一系列"事件"中完成的,凡遇到事情,不要"期必",即不要期望必定如何如何,人为地去养("正"字有预期和必然的意思),而是既不怠惰忘记,又不人为地助长,勿忘勿助,行义既久,浩然之气便自然由衷而出。这就好比培养禾苗一样,既不能舍弃而不管,又不能"揠苗助长",而是要顺着禾苗自身的生长规律加以培育,即除其杂草,肥其土壤,使它自己顺利成长。认为养之无益而舍弃不养,是"不耘苗者也",即什么功夫也不用,这当然是不对的;认为需要人为地方法去助长,是"揠苗者也",即违反了养气所应遵循的自然过程,也是不对的。无论是"舍"之,还是"助"之,都不但无益,反而有害。这与孟子的天人之学与心性之学是完全一致的,用"自然"一词来说明他的养气方法也是完全正确的。

"养浩然之气"比"持其志,无暴其气"更进了一层,达到了更高的境界,是孟子人格修养的理想要求。按照后一说,气受志的统帅,气随志而到,因此,气是被动的,受控制的。当然,气也能影响志,即所谓"气壹则动志",但是,这种影响具有盲目性甚至消极作用,反而会使心志受到动摇。所谓"无暴其气",就是一种强制性的控制作用。而按照前一说,则气被理义所灌注,至大而至刚,不仅具有主动性,而且具有理性精神,其作用不仅是合于道义的,而且是无限的。

因为它已经成为天地之正气,内外贯通,正所谓"上下与天地同流",而无所不到,无所不在了。就气与志的关系而言,就不仅是志"帅"而气"充"的关系,而是融为一体,与其说,志之所在,气即至焉;不如说,气之所在,志即在焉。如果达到这种境界,人就不是抽象的道德理性的化身,而是有血有肉、有胆有识、有情有义的大丈夫了。

与"养气"一起提出来进行讨论的还有"知言"的问题,被合称"知言养气章"。孟子所说的"知言",与告子的"得于言"不是一回事。孟子所说,是指某些特定的言论、学说,与他的"好辩"是有关的。

> "何谓知言?"
>
> 曰:"诐(bì,朱熹注云:'诐,偏陂也。')辞知其所蔽,淫辞知其所陷,邪辞知其所离,遁辞知其所穷。生于其心,害于其政;发于其政,害于其事。圣人复起,必从吾言矣。"[1]

从字义上说,"诐辞"指偏于一曲之言,故知其所"蔽",蔽者蔽塞不通之义;"淫辞"指过度而无分寸之言,故知其所"陷",陷者陷溺失足之义;"邪辞"指邪僻不正之言,故知其所"离",离者离开正道之义;"遁辞"指逃避躲闪之言,故知其所"穷",穷者理屈词穷之义。孟子的语言观,是言"生于心",言辞、言说是由心决定的。在他看来,上述这几种言论生于心,则必然对政治有害,发为政策命令,则必然对事情

---

[1] 《公孙丑上》2章。

有害,即使是有圣人再次出现,也一定会同意他的话的。

孟子的这些话,实际上是有所指的,其主要所指,是杨朱、墨子等人的学说、言论。当时,各种学说林立,各种人都发表议论,其中杨朱、墨子的学说影响最大。"天下之言不归杨,则归墨。杨氏为我,是无君也;墨氏兼爱,是无父也。无君无父,是禽兽也……杨墨之道不息,孔子之道不著,是邪说诬民,充塞仁义也……吾为此惧,闲①先圣之道,距杨墨,放淫辞,邪说者不得作。"②杨朱提倡"为我",墨子提倡"兼爱",这种学说足以抗衡当时的儒家学说,孟子将其比之为禽兽,决心"距"而"放"之,以捍卫儒家学说,这就是"知言"的真义。

由此可见,孟子的"知言",是指了解各种学派的学说、言论,以儒家学说为判准,对这些学说、言论进行批判,以捍卫儒家的价值观,坚持儒家的人格理想。进行这项工作,也是需要勇气的。

三、"大丈夫"精神

孟子的"不动心"和"养气",都是为了培养一种人格,提高一种境界,在现实社会中有所作为,发挥应有的作用。"大丈夫"精神就是这样的人格境界。

---

① 《说文》:"闲,阑也,从门中有木。"即门中横木,引申为防御、捍卫。
② 《滕文公下》9章。

"大丈夫"精神有如下几个特征。

第一个特征是具有独立人格。

所谓独立人格,是指坚守自己的价值理念和生活信念而独行其道的一种人格。这种理念和信念,是维持社会的理想价值的精神支柱。有了这种信念,不管现实社会的各种潮流如何,流俗如何,都不会随之而发生转移,更不会同流合污。为了坚持这种信念,也不会受到各种外界力量的影响,既不为艰难险阻的条件所动摇,也不为各种物质利益所引诱。孟子所提倡的,就是这样的独立人格。

当时有一位讲纵横之术的叫景春的人对孟子说:"公孙衍、张仪岂不诚大丈夫哉?一怒而诸侯惧,安居而天下熄。"公孙衍是当时著名的说客,长于连横、合纵之术,曾佩过五国相印;张仪是连横派的首领人物,曾游说六国连横以服从秦国。这些人都没有一定的信念和主张,但是在当时诸侯互相争霸的混乱局面之中,曾经发号施令得意一时,连诸侯都惧怕他们。因此,景春认为,像公孙衍、张仪这样的人,诚可谓大丈夫。但是,在孟子看来,这些人从本质上说与大丈夫毫无关系。

> 孟子曰:"是焉得为大丈夫乎?子未学礼乎?丈夫之冠也,父命之;女子之嫁也,母命之,往送之门,戒之曰:'往之女家,必敬必戒,无违夫子!'以顺为正者,妾妇之道也。居天下之广居,立天下之正位,行天下之大道。得志,与民由之;不得志,独行

其道。富贵不能淫,贫贱不能移,威武不能屈,此之谓大丈夫。"①

没有固定的信念而以一时的权势和富贵作为衡量大丈夫的标准,这在孟子看来,显然是可笑的;但是,这种看法在当时和后世,并不是没有追随者。正因为如此,孟子提出了他关于大丈夫的标准。所谓大丈夫,首先要有所立,即有一个立足之地,所立之地是基础,基础稳固了,才能有进一步的作为。因此,他先从礼开始讲起。

我们平常说"男子汉大丈夫",大丈夫是对男子而言的。但在古代,男子成年时(20岁),首先要举行冠礼。冠礼在一个人的一生成长中是非常重要的,它标志着一个人正式独立,走向社会,要承担起家庭和社会的责任和义务,要走向真正的独立生活,要开创事业。有了冠礼,有助于人生信念的确立,才能有一条正确的道路。当然,女子成年出嫁,也要行礼,不过,按照儒家的要求和规定,妇女以"顺"为道,即顺从丈夫。男子举行婚礼之后,便成了丈夫,这是又一次行礼,同时也需要妻子配合。这些是大丈夫的基础条件,但并不就是大丈夫。真正的大丈夫,则是自觉自愿地居于天下之"广居"即仁,立于天下之"正位"即礼,行于天下之"大道"即义。得志的时候,与人民一起循大道而行;不得志的时候,也要坚持自己的信念,遵守自己的原则。富贵不能使我淫乱,贫贱不能使我改变,威武不能使

---

① 《滕文公下》2章。

我屈服,这才是真正的大丈夫。总之,在孟子看来,大丈夫是在"居仁""由义""行礼"的过程中形成的独立人格,与世俗所谓"大丈夫"是不同的。

第二个特征是具有人格尊严。

孟子虽然曾在齐国居卿相之位,但就其一生而言,他只是一个士,即知识分子。他游说诸侯,也是以一位士人的身份出现的。他又是一位教师,即现在所说的先生。作为一位知识分子,孟子很重视维护知识分子的人格尊严,这也是作为人的尊严。这种尊严,体现在他所说的大丈夫精神之中。

比如说,有一次,孟子进见齐王,被拒绝了,要他在上朝时去见,但孟子托辞未见。有人对孟子说:"礼曰:'父召,无诺;君命召,不俟驾。'固将朝也,闻王命而遂不果,宜与夫礼若不相似然。"意思时,礼书上说,父亲召唤,连"诺"字都不说就去见;君主召见,不等车马驾好就去见。你本来要朝见王,听到王的召见,却反而不去了,恐怕与礼书所说不合吧。但孟子回答说:

> 岂谓是与?曾子曰:"晋楚之富,不可及也。彼以其富,我以吾仁;彼以其爵,我以吾义。吾何慊(qiàn,赵岐注:'慊,少也。')乎哉?"夫岂不义而曾子言之?是或一道也。天下有达尊三:爵一,齿一,德一。朝廷莫如爵,乡党莫如齿,辅世长民莫如德。恶得有其一以慢其二哉?故将大有为之君,必有所不召之

臣,欲有谋焉,则就之。其尊德乐道,不如是,不足与有为也。①

孟子引曾子的话说,晋国楚国的财富,是无法可比的,但是,他有他的财富,我有我的仁,他有他的爵位,我有我的义,我难道比他有所缺少吗?这正好印证了前面所说曾子的"养勇",也证明了孟子的大丈夫精神,即"富贵不能淫,威武不能屈"。孟子完全同意曾子的见解,即要保持道德人格的尊严而不受侮辱。孟子指出,天下有三种最大的尊严,在朝廷是爵位,在乡里社群之间是年龄,辅助君主治理人民则是德。他怎么能够靠他的爵位来轻视慢怠其他二者呢?实际上,三者之中,孟子更重视德,即道德人格尊严,因为它直接关系到社会国家的治理和安危。因此,他进一步提出,真正大有作为的君主,必然有尊敬有加而不可召唤之臣,如有重要计划谋略,则亲自去请教,这就叫"尊德乐道"。

作为掌权者,应当"尊德乐道",而作为有德的士人,则要保持自己的道德人格。这不是一般的所谓"清高",这是对士作为人的人格尊严的一种维护,是大丈夫精神的一种体现。如果掌权者不能"尊德乐道"而以权势相威胁或加之于身,又该怎么办呢?孟子说:"志士不忘在沟壑,勇士不忘丧其元。"②有志之士不怕弃尸山沟,勇敢之士不怕掉脑袋,这就是大丈夫应当采取的态度。因为他居于仁,立于礼,行于义,这才是君子人格的内在动力,内在依据,他可以舍掉

---

① 《公孙丑下》2章。
② 《万章下》7章。

一切,却不能舍掉生命的内在依据。"夫义,路也;礼,门也。惟君子能由是路,出入是门也。《诗》云:'周道如底,其直如矢,君子所履,小人所视。'"①君子所行之路,就好比磨石和矢箭一样坚固而笔直,是不会弯曲的。这才是真正的君子人格。

这样的人格,是一种很高的精神境界,会产生巨大的精神力量,能够藐视一切非仁非义之人和事。"说大人,则藐之,勿视其巍巍然。堂高数仞,榱题(榱 cuī,本指房椽,依杨伯峻先生,译作屋檐)数尺,我得志,弗为也。食前方丈,侍妾数百人,我得志,弗为也。般乐饮酒,驱骋田猎,后车千乘,我得志,弗为也。在彼者,皆我所不为也;在我者,皆古之制也,吾何畏彼哉?"②这里所谓"大人",不是人格上的大人,而是统治者。只有统治者,才有侍妾数百人,后车千乘的享受,但是,孟子却能够藐视这样的"大人"。因为他之所为,是穷奢极欲的腐化生活,是直接违背道德人格的,当然是我所不为的;而我所为者,则是符合古制的,因此,对他有何畏惧呢?不仅无所畏惧,而且可以藐视,这当然需要极大的勇气和意志。

这里有一个所谓"古今"的问题,似乎孟子不能跟上时代的生活步伐,不懂得享受生活,一味鼓吹古代的落后制度,要人们回到过去。但是,这里虽然表现为"古今"的区别,实质上则是一个生活方式、人生态度的问题,其中便有人格的问题。在这个问题上是不能

---

① 《万章下》7章。
② 《尽心下》34章。

以古今来衡量的,说白了,不能因为物质财富增加了,就可以不顾一切地尽情享受,更不能以物质享受为目的。不要以为,凡是现在的,就都是好的,正确的;凡是古代的,就都是不好的,不正确的。更何况,这些"大人"们,依靠其权力,以不义的方式攫取财富、占有美色了。孟子所谓"古制",显然有理想的成分,但是,就人格境界而言,古人决不比今人更低。

或许有人会问,孟子不得志时,可以这样说;如果真的得志了,他还能这样说吗?何况,孟子也有过"后车数十乘"的享受。我想,不应该这样提问,而应当问:孟子为什么作为一个士人,身处士的地位,不是为了求得富贵而去阿谀逢迎,而是以藐视的眼光揭露统治者只顾享乐而无尊严的生活方式呢?别的不说,只就其中所包含的批判精神,难道不是"富贵不能淫"的大丈夫精神吗?至于孟子的"后车数十乘",则是游说讲学时的一种礼遇,也是应得的礼遇,与声色犬马的享乐是完全不同的。

第三个特征是以天下为己任的社会责任感。

孟子说过:"得志,与民由之;不得志,独行其道。"[1]又说:

> 尊德乐义,则可以嚣嚣(赵岐注:"自得无欲之貌。")矣。故士穷不失义,达不离道。穷不失义,故士得己("得己",朱熹注:"言不失己也。")焉;达不离道,故民不失望焉。古之人,得志,

---

[1] 《滕文公下》2章。

泽加于民；不得志，修身见于世。穷则独善其身，达则兼善天下。①

孟子的"得志""不得志"之说，包含了两层意思，都是根据现实条件而言的。不管"得志""不得志"，都要修养和保持自己的人格，但是，在不同条件下，会产生不同的作用和结果。所谓"得志"，是说有条件、有机遇，能够施展自己的抱负，这时，就要为天下的人民谋利益，使天下的人民都得到实惠，变得完美；这当然是最好的结果。所谓"不得志"，是说没有任何条件和机遇，无法施展自己的抱负，这时，决不能放弃自己的信念，丧失自己的人格，而是要独行其道，独善其身，并以此表现于世，对社会发生影响。

有人将孟子和儒家的人格学说解释为仅仅是"独善其身"，而将"独善其身"仅仅解释为保持自己的个人人格，缺乏"救世"精神，甚至说成是"明哲保身"。这是不正确的，至少是不完全的。事实是，孟子有强烈的社会现实关怀，有一种高度的社会责任感和救世精神。正如很多学者所说，这正是儒学的特质所在。他不仅主张以"道"救世，转变社会，而且主张以人格力量影响社会，完成这种转变，这也是儒家学说的一大特质。如果说有什么社会主体意识，孟子决不缺乏这种意识；至于是不是政治主体意识，可以进行研究和讨论。他所说的"得志""不得志"，主要是指政治环境与条件而言

---

① 《尽心上》9章。

的,从这个意义上说,他的救世精神是受客观条件限制的(他通过"游说"的方式"行道",也说明了这一点)。但是,就人格境界而言,他以天下为己任的精神,是值得称道的。

既要保持人格,又要实现救世,二者能不能统一呢?孟子通过殷汤聘请伊尹的故事阐述了他的观点。有人说,伊尹以当厨子的方式向汤求得官职俸禄,孟子否定了这种说法。孟子认为,伊尹耕种于民间,以尧舜之道为乐,保持着高尚的人格。如果不合于道义,即使以天下的财富作俸禄,他都不要;给他"千驷"(四千匹马),他都不顾。如果不合道义,"一介"即一小点点都不会给人,也不会取之于人。汤使人用礼物聘请他,他开始并不接受,只求自得之乐;汤多次聘请,这才改变了主意。孟子引伊尹的话并发挥议论说:

"与(其)我处畎亩之中,由是以乐尧舜之道,吾岂若使是君为尧舜之君哉?吾岂若使是民为尧舜之民哉?吾岂若于吾身亲见之哉?天之生此民也,使先知觉后知,使先觉觉后觉也。予,天民之先觉者也,予将以斯道觉斯民也。非予觉之,而谁也?"思天下之民,匹夫匹妇有不被尧舜之泽者,若己推而内(同"纳")之沟中。其自任以天下之重如此,故就汤而说之以伐夏救民。吾未闻枉己而正人者也,况辱己以正天下者乎?圣人之行不同也,或远或近,或去或不去,归洁其身而已矣。吾闻其以

> 尧舜之道要汤,未闻以割烹也。①

孟子"言必称尧舜",以尧舜之道为理想政治,汤和伊尹以天下为己任,助汤伐夏(桀)而平天下,但他凭什么呢?凭自己的伟大人格。只有正己,才能正人,没有己不正而能正人者,更何况使自己受到侮辱而匡正天下了。圣人的行止可以有所不同,但是,不管做什么,都以"归洁其身"即完成自己的人格修养为当务之急。因为只有人格担保,才能任以天下之重任,才能救天下之民。他的拯救天下的责任感就在于,一想起天下的人民,哪怕是匹夫匹妇,如果不能分享到尧舜之道的实惠和润泽,就如同我自己将他们推入沟壑之中一样。这就是一种担当,一种承诺,一种欲罢不能的大丈夫精神。

其实,这也是孟子的自任,孟子借伊尹之口而说出的,正是他自己想说的;借伊尹之事而表示的,正是他自己想做的。所谓"先知觉后知,先觉觉后觉",正是孟子精神气质的自我写照。以自己为"天民之先觉",可说是凝聚了孟子学说的精华,并诉之以现实承当,要以大丈夫的气概改造这个世界。

> 五百年必有王者兴,其间必有名世者。由周而来,七百有余岁矣。以其数,则过矣;以其时考之,则可矣。夫天未欲平治天下也;如欲平治天下,当今之世,舍我其谁也?②

---

① 《万章上》7章。
② 《公孙丑下》13章。

这里涉及历史观的问题,不必去讨论。重要的是,孟子认为,每一个时代都有"名世者",即有影响的重要人物出来,承担历史重任。他本人就是以这样的人物自命的。"当今之世,舍我其谁",将孟子的大丈夫精神表现得淋漓尽致了。

第四个特征是以天地为情怀的大人境界。

在古代哲学语言中,"天地"与"天下"是不同的。"天下"主要指社会国家,"天地"则是指整个自然界包括社会。所谓"以天地为情怀的大丈夫境界",在某种意义上超越了社会,从一个更高更大的视野观察世界,观察社会。这种境界就是天人合一的圣人境界。不过,从人格修养的角度来看,它仍有强烈的现实关怀,可以说是大丈夫精神的最高层次。

在孟子思想中,"大人"有两种不同的含义。一种含义是指有其位而无其德的统治者,"说大人则藐之"中的"大人",就是如此;另一种含义是指具有很高的精神境界即天人合一境界的人,这样的人未必有其位,但是,其德甚高,一般人难以企及,这样的人,就是"大而化之之谓圣"[①]的大人亦即圣人。这样的人,不仅精神充实而有光辉,而且能够完全地实现出来,达到一种"化境",这就是"所过者化,所存者神,上下与天地同流"[②]的境界。所到之处,无不受到感化,心之所存,则神妙莫测,与天地自然界的流行化育合而为一了。

---

① 《尽心下》25章。
② 《尽心上》13章。

但是,大人境界并不只是一种个人的主观境界,大人境界必然表现在现实生活中,发生实际作用。这是孟子所追求的,但是并没有以"大人"自命。他将士人分为四等,认为境界不同,其作用也不同。

> 孟子曰:"有事君人者,事是君则为容悦者也;有安社稷臣者,以安社稷为悦者也;有天民者,达可行于天下而后行之者也;有大人者,正己而物正者也。"[1]

"事君人者"是一心侍奉君主的人,这样的人,侍奉某个君主时专门以取悦于君主为事;"安社稷臣者"是能安定国家的人,这样的人,以安定国家为乐趣;"天民"即是以其"天爵"行事之人,也就是"穷则独善其身,达则兼善天下"之人,如果能"达"即"得志",则行其道于天下,这是孟子所自命者;"大人"是"大而化之"的圣人,他只是端正自己而万物随之能够端正的人。正因为如此,"唯大人为能格君心之非"[2],即纠正君主的思想错误。在孟子看来,"大人"不仅有这个资格,而且有这个能力。这正是孟子所追求的最高的人格境界。

---

[1] 《尽心上》19章。
[2] 《离娄上》20章。

第九讲

历史地位

一、来自儒家的理论批判

二、政治地位的变化

三、新儒学中的孟子

一、来自儒家的理论批判

孟子作为孔子之后的又一位儒家代表人物,其历史命运似乎更加曲折,这与他的学说的内容及其鲜明的个性特征是有关的。

孟子以"好辩"而著称,他的学说富有批判精神,有很强的针对性和"战斗性",他的很多重要思想都是在批判中建立起来的。其实,这种批判精神在战国的"百家争鸣"中是很普遍的,也是很正常的,各个学派都在批判中发展各自的学说。这是推动文化学术发展的重要动力,反映了学术思想的自由精神。孟子在批判中发展了自己的学说,同时也受到了批判。荀子就是第一个批判孟子的思想家,而且是从儒家内部进行批判的。

荀子著《非十二子篇》,其中,就有对子思和孟子的尖锐批判。

孟子"言必称尧舜",将古人理想化,以这种方式论证他的学说,但是,在荀子看来,这是"略法先王而不知其统"。这个"统"字,是统绪的意思。实际上隐含着后来所谓儒家"道统"的意思。但是,他们对先王之"统"的理解是不同的。孟子虽然没有明确提出"道统"这个概念,但是,他讲"圣人之道",从尧、舜开始,经过禹、汤、文王直到孔子,实际上有一条统绪,只是没有说出来罢了。孟、荀二人都以孔子为圣人,以继承孔子思想为己任,但是,孔子死后,儒家已经开始了分化。战国末年的韩非说:"故儒、墨之后,儒分为八,墨离为三,取舍相反不同,而皆自谓真孔、墨,孔、墨不可复生,将谁使定后世之学乎?孔子、墨子俱道尧舜,而取舍不同,皆自谓真尧舜,尧舜不复生,将谁使定儒、墨之诚乎?"①实际是,孟子和荀子作为孔子以后影响最大的两位儒者,代表了儒学发展的两种走向。孟子发展了孔子的仁学,代表向内的发展;荀子发展了孔子的礼学,代表向外的发展。由于荀子晚于孟子,生活在战国末期全国统一的前夕,于是对孟子进行了批判。

孟子"道性善",建立了比较完整的人性学说,引起了人们的普遍关注。人性问题的提出及其讨论,是人文主义高涨的一个重要标志,直接关系到人的价值和尊严以及人的自觉,也是社会政治学说的理论基础。由于荀子的主张与孟子不合,因此,与之针锋相对,提出了"性恶论"。

荀子对孟子"性善论"的批判,是儒学发展中的重要"事件",影

---

① 《显学》,梁启雄:《韩子浅解》,北京:中华书局1982年版,第492页。

响到整个中国哲学与文化的发展。荀子的主要成就是,否定有先天的或先验的道德人性,认为善是后天形成的,是靠后天的心之所"知"而不是先天的心之所"存",而"知"则是建立在经验积累之上的。就善的实现而言,不是靠内在的"存心"一类的心性修养,而是靠外在的礼仪和圣王的教化。因此他批评说,孟子的性善说,"无辩合符验,坐而言之,起而不可设,张而不可施行,岂不过甚矣哉?故性善则去圣王息礼仪矣,性恶则与圣王贵礼仪矣"①。这就是说,孟子的性善论,既不能从理论上得到说明,也不能从经验中得到证实,只是坐而论道,不可实行,其危害就是否定了礼仪和圣王的作用。这个批判,对孟子的人性学说构成了一次很大的挑战,即人的价值究竟如何建立?这关系到儒家哲学发展的选择问题。

但是,荀子的"性恶论"也有自身的问题。他将人性说成是"生之所以然者"②,是"本始材朴"③,其所说的性,实际上是人的自然的生物性,这与告子的"生之谓性"并没有本质区别,但告子认为性无善恶,而荀子则将这样的性说成是"恶",这就有问题了。恶是对善而言的,既然荀子认为,善是在后天的社会环境中形成的,为什么又将恶说成是生而具有的呢?荀子既没有提出所谓"超越的根据",又没有将他的"自然"人性论(我之所以在"自然"二字上加引号,是因为孟子和荀子对自然的理解是有很大区别的)贯彻到底,因此,这个

---

① 《荀子·性恶篇》,王先谦:《荀子集解》,上海:商务印书馆1933年版。
② 《荀子·正名篇》。
③ 《荀子·礼论篇》。

问题并没有解决,争论还将继续下去。

汉代的大儒董仲舒,基本上继承了荀子对于人性的看法,认为性就是生,"如其生之自然之资谓之性,性者质也"①,即以自然资质为性,因而也否定了孟子的性善说。董仲舒认为,孟子以人与禽兽比,故说人性善;而他是将人与圣人比,因而说人性未善。"吾质之命性者异孟子,孟子下质于禽兽之所为,故曰性已善;吾上质于圣人之所善,故谓性未善。"②但是,董仲舒已经与荀子有所不同,他已经开始吸收孟子的思想,认为性有"善质"而未能为"善",至于如何为善,则与荀子一样,诉之于圣王的教化。"性者天质之朴也,善者王教之化也。"③性有"善质"之说,与孟子以情、才为善之说很相近,区别在于:孟子认为,人的情、才,与性完全统一,善是内在的德性;而董仲舒认为,性虽有善质,也仅仅是"善质"而已,并不能自行为善,只能经过外部的圣王教化,才能为善,从这个意义上说,善是外在的。他用禾与米比喻性与善的关系,米出于禾中,但禾未可为米,"无其质,则王教不能化;无其王教,则质朴不能善。"④他所强调的是"教化"的作用。

董仲舒和荀子一样,缺乏形而上学的诉求,更受汉代经验主义思潮的影响,用"质性"说明人性,但他有天人目的论思想(不同于孟

---

① 《深察名号第三十五》,《春秋繁露》,中华书局《四部备要》本,第60页。
② 同上,第61页。
③ 《实性第三十六》,《春秋繁露》,第62页。
④ 同上。

子的自然目的论),圣王是代表天意进行教化的,所以他所说的"善"具有宗教意义,可说是另一种意义上的超越。但是,他又用阴阳解释善恶,天有阴阳,故人有善恶,这与他的"善质"之说并不完全一致。总之,董仲舒对于孟子的批评,比起荀子来,不仅有意识地吸收了孟子的某些观点,而且就态度而言,已经温和多了。

汉代的另一位儒者扬雄,仿照《论语》作《法言》,言必称孔子;同时,对孟子也很尊敬,尤其对于孟子"辟杨、墨"的批判精神,非常敬佩,并以孟子自比。"古者杨、墨塞路,孟子辞而辟之,廓如也。后之塞路者有矣,窃自比于孟子。"[1]这说明,孟子的地位和影响已经提高了。但是,在人性问题上,扬雄将孟子与荀子的学说结合在一起,提出了另一种"新说":"善恶混说。""人之性也,善恶混。修其善则为善人,修其恶则为恶人。"[2]这与其说是批判,不如说是修正,即改变孟子的单一的性善说,以"善恶混"解释现实中极其复杂的人性问题。所谓"混",就是混杂,即人性中既有善,又有恶,混杂在一起,而又善恶分明。善、恶都是人性自身具有的,但善、恶究竟自何而来,他没有说,气只是承载和运行善、恶的。他所说的善,与孟子之说可以相应,但他所说的恶,与荀子所说的恶能不能相应,就很难说了。不过,有一点是清楚的,这就是,扬雄并不满意孟子的性善说,因而才提出他的"善恶混说",从这个意义上说,也是对孟子的一种批判。

---

[1] 汪荣宝:《法言义疏》,《吾子卷第二》,北京:中华书局1987年版,第81页。
[2] 《修身卷第三》,同上,第84页。

东汉的王充,是一位独立性很强的思想家,有人说他是杂家,有人说他是儒家,不管怎样,他并不是真正的反对儒家。但他在"独尊儒术"的时代能写出《问孔》《刺孟》的篇章,说明他有很强的批判精神。从《刺孟》的篇名看,显然比《问孔》尖锐得多,明显有批判的意思;但是,从其中的内容看,则多是一些具体问题的责问和非难,并无太多的理论问题。涉及理论问题的,有孟子的"义利之辩"以及对"天"的看法。关于"义利之辩",王充对孟子的"何必曰利"提出了批评,认为利有"货财之利",有"安吉之利",梁惠王问"利",孟子未曾问明何种利,便答以"货财之利",便是"失对"。其中隐含的意思是,不能笼统地反对一切"利"。关于"天"的问题,孟子说"五百年必有王者兴",是指"天欲平治天下"而言的,但是,事实上并无验证,而理论上,"如孟子之言,是天故生圣人也"①,即是一种神学目的论。从这些批判可以看出孟子学说中的一些弱点以及不够严密之处。

真正具有理论意义的,是"性命"问题,特别是人性问题。王充是经验论者,他提出"气性"之说,用气来解释人性之善恶,并且用生活的经验事实来证实。王充所说的气,是"自然之气";他所说的性,也是"自然之性"②。这个气,是因果论意义上的物理之气;这个性,是生物学意义上的性。但是,他又承认性有善恶,其善恶是由气之厚薄决定的。"禀气有厚泊,故性有善恶也。"③因此,他批判孟子说:

---

① 刘盼遂:《论衡集解》,北京:古籍出版社1957年版,第210页。
② 刘盼遂:《论衡集解》,《初禀篇》,第58、60页。
③ 《率性篇》,同上书,第38页。

"性本自然,善恶有质。孟子之言情性,未为实也。"①即没有从经验事实上论性。

从经验物理的层面批判孟子的"性善论",是否有理论上的说服力。暂且不论。王充的贡献在于,正式将"气"这一重要范畴引入人性论,这对后来的人性学说的发展产生了很大影响。同时也说明,孟子的"性善论"具有很大的影响力,以致讨论人性问题的思想家,无不对他的学说作出反应。从某种意义上说,人性问题是中国哲学的核心问题,因为中国哲学从根本上说是天人之学,而天人之学最终要落实到人性的问题上。在中国哲学史上,所有关于人性问题的争论,无不与孟子的"性善论"有关,这就足以说明,孟子在中国哲学史上的地位有多么重要。

以上所说,只是儒家内部围绕人性问题对孟子的批判,当然还有其他方面的问题,这里不能多谈。这个过程,从某种程度上折射出中国哲学的发展,特别是儒家哲学的发展。但这只是全过程的一个阶段,即从战国到汉代这个阶段。在这个阶段,除了荀子,其他的一些重要的思想家,虽然对孟子进行了批判,但又无不受到孟子的影响。这是一个价值选择的过程。汉朝的"独尊儒术",虽然限制了其他学派的发展,但是,就儒学自身而言,仍然具有批判精神,即自由理性精神。孟子的学说经受了批判,同时也经受了考验,到了唐宋以后,其地位全面地得到了提升。

---

① 《本性篇》《初禀篇》,第63页。

二、政治地位的变化

孟子的政治学说在中国历史上产生了很大影响,孟子也因此受到重视。但是,由于政治力量的变化以及政治统治形式的演变,其命运也不相同。

大体而言,在中国历史上,凡是专制集权制度形成和加强的时候,孟子的学说会受到打击;而文官制度得到发展的时候,孟子学说的命运就会好一些,特别是在某些政治改革和近代变革时期,这一点表现得更加明显。

秦王朝的建立,是法家学说的胜利,孔孟儒学则受到严厉打击。法家的理论代表是韩非,韩非集法家之大成,建立了法、术、势相结合的"法治"学说,成为秦王朝的统治思想。韩非的"法治"学说主要是针对儒家的礼治学说的,尤其对孟子的仁政、王道学说进行了严厉的批判,其理论基础,就是极端的个人利己主义。韩非将人与人的关系,从君臣关系、社群关系直到父母与子女的关系,都说成是赤裸裸的利害关系,毫无亲情、仁爱、道义可言,由此论证君主集权的必要性。他的学说受到秦始皇的赏识。

孟子"言必称尧舜",其实质是用"王道"对抗法家的"霸道",但韩非批判说:"今乃欲审尧舜之道于三千岁之前,意者其不可必乎!无参验而必之者,愚也;弗能必而据之者,诬也。故明据先王、必定尧舜者,非愚则诬也。愚诬之学,杂反之行,明主弗受也。"①他的意思是,回到三千年以前的尧舜那里去找所谓"王道",以定今日之是非,恐怕靠不住吧。而孟子要以此为据,其学只能是"愚诬之学",即既愚蠢而又欺瞒当今的君主,所以是不能接受的。

孟子说:"得天下有道:得其民,斯得天下矣;得其民有道:得其心,斯得其民矣。"②韩非却批判说:"今不知治者必曰:'得民之心。'欲得民之心而可以为治,则是伊尹管仲无所用也,将听民而已矣。民智之不可用,犹婴儿之心也。"③孟子的学说,在当时即被斥笑为"迂远而阔于事情",即迂腐而不能实行;韩非更是斥之为"不知治者"之言。但韩非指出了孟子之说何以"不知治",这就是"民智不可用"。孟子主要是指顺"民心""民意",至于如何治理国家,则要依靠贤人;韩非则将"民心"转换成"民智",依靠人民的知识、智力去治理国家,所以就用不着管仲这样的大臣了。更重要的是,韩非认为,人民是无知的,只能成为被统治的对象和工具,却不能成为社会主体,更不要说政治主体了。

孟子说,治理国家要依靠仁义而不是利益,"何必曰利,亦有仁义而已矣"。韩非则批判说:"且父母之于子也,产男则相贺,产女则杀之。此俱出父母之怀袵,然男子受贺,女子杀之者,虑其后便,计其长利也。犹用计算之心相待也,而况无父子之泽乎!今学者之说

---

① 《显学》,《韩子浅解》,北京:中华书局1982年版,第493页。
② 《孟子·离娄上》9章。
③ 《显学》,《韩子浅解》,第503页。

人主也,皆去求利之心,出相爱之道,是求人主之过于父母之亲也,此不熟于论恩,诈而诬也,故明主不受也。"①韩非所说的这些事,是非常残忍的(附带说一句,在今天,这样的事确实出现了)。父母对于子女尚且如此,人与人之间、君与臣之间就更是以利相交,处处用"计算之心",决不可能有什么"相爱之道",因此,将孟子的主张说成是"诈而诬",劝说当时的"明主"不要接受。

韩非虽然没有明确点孟子的名,但是,他所批判的这些观点都是孟子亲自提出的,韩非的针对性是很强的,可以说,韩非对儒家的批判主要是针对孟子的。他明确提出,要"用法之相忍,而弃仁人之相怜"②,即用法家的残忍,代替儒家的怜爱。这是非常露骨的专制主义理论。

总之,在韩非看来,"儒以文乱法"③,即儒家以仁政、礼义等文化典籍教育人民,只能搞乱法治。因此,"明主之国,无书简之文,以法为教;无先王之语,以吏为师"④。主张废除儒家的经典,以法律(实为刑律)为教材;去掉一切先王的言论,以官吏为教师。这就不仅是反对儒家,而且是反对一切文化了。韩非的这些言论,为后来的"焚书坑儒"提供了理论依据。因此,韩非对孟子的批判,是政治实践性的批判,不仅仅是理论性的批判。

---

① 《六反》,《韩子浅解》,北京:中华书局1982年版,第430页。
② 同上书,第431页。
③ 《五蠹》,《韩子浅解》,第476页。
④ 同上,第482页。

孟子的地位,虽然不能和孔子相比,更不能相提并论,但是,受到的打击却与孔子是一样的。秦始皇"焚书坑儒"之后,"孟子徒党尽矣"。①《孟子》一书虽然作为子书被保存了下来,而孟子的影响和地位却受到极大的打击,可说是"一落千丈"。

但是,到了汉初,儒者贾谊作《过秦论》,对秦朝速亡的原因进行了总结,指出其根本原因在于"仁心不施而攻守之势异也"②。这是对孟子仁政学说的第一次明确而公开的肯定,并且得到统治者的认可。从此以后,孟子的地位开始发生变化。

据赵岐《孟子题辞》说,汉文帝"欲广游学之路,《论语》《孝经》《孟子》《尔雅》皆置博士",即为了扩大学术活动的范围,将这四种书列入学官,各设博士官,(博士是官衔,不是学位)以便进行学习和传授。这是孟子所受到的最高待遇。四种书中,除了孔子的《论语》,《孝经》被认为是曾子所著,曾子又是传孔子之学的,汉代号称"以孝治天下",《孝经》被列入官学是可以理解的。《尔雅》则属于小学,是解释经典中的文字的,之所以设置博士,大概是为了更好地学习经典。《孟子》作为儒学著作被列入学官,说明其影响已经很大了。但是后来,这四种书的博士,又被取消了,只设五经博士。③《孟子》博

---

① 赵岐:《孟子题辞》。
② 《新书》,中华书局《四书备要》本,第8页。
③ 五经即《诗》《书》《易》《礼》《春秋》。汉武帝建元五年即公元前136年,正式设五经博士,经两汉直到唐初,没有变化。唐朝的孔颖达作《五经正义》,就是对这五种经典的注疏。

士虽然被取消,但《孟子》一书成为解释经典义理的重要文献,"今诸经通义,得引《孟子》以明事,谓之博文"。[1] 可见,孟子及其著作已经越来越受到重视。

北宋时,有两次政治改革,一次是范仲淹推行的"庆历新政",一次是王安石推行的"熙宁变法"。在这两次改革运动中,孟子受到特别的推崇,成为政治改革的重要的精神力量。范仲淹"以天下为己任"的承当精神,直接来源于孟子,他的"新政",就是在这一精神的支持下展开的。他"为文章论说必本于仁义","少有大节,于富贵贫贱毁誉欢戚不一动其心,而慨然有志于天下"[2]。这些都与孟子的思想及其大丈夫精神很一致,他的"先天下之忧而忧,后天下之乐而乐"[3]的名言,则是从孟子的"乐民之乐者民亦乐其乐,忧民之忧者民亦忧其忧,乐以天下,忧以天下"[4]直接继承、发展而来的。范仲淹"新政"的核心是人才问题,他提出"得士则昌,失士则亡"[5],这与孟子的思想也是如出一辙。

举荐过范仲淹的欧阳修,与范仲淹一样推崇孟子,在文章中经常"孔孟"并提。他在自述身世的诗中写道:"顾我实孤生,饥寒谈孔

---

[1] 《孟子题辞》。
[2] 《资政殿学士产部侍郎文正范公神道碑铭》,《欧阳修全集》,北京:中国书店1986年版,第144页。
[3] 《岳阳楼记》,《范文正公全集》,道光十五年重校本,第4页。
[4] 《梁惠王下》4章。
[5] 《选任贤能论》,《范文正公全集》,第10页。

孟。"①在为他的历史正统论进行辩论时说:"使孔孟不复出,则已;其出而见之,其不为之一辩而止其纷纷乎!"②欧阳修和范仲淹是宋初新儒学运动中的政治代表人物,以重建儒学价值作为政治改革的理论依据,欧阳修将其称之为"修本"。他十分推崇孟子"辟杨墨"的精神,以此论证"辟佛"的必要。"昔战国之时,杨墨交乱,孟子患之,而专言仁义;故仁义之说胜,则杨墨之学废……然则礼义者,胜佛之本也。"③在如何改革弊政、兴利除害的问题上,欧阳修十分欣赏孟子的"制民之产"而"薄税敛"的学说,主张兴农而节用。"孟子曰:'养生送死,王道之本。'……不知务农为先者,是未原为政之本末也;知务农而不知节用以爱农,是未尽务农之方也。"④他还用孟子的"尽信《书》不如无《书》"之说,为他的《易·系辞》非孔子作的疑经精神作论证上的支持⑤。

在"庆历新政"前后,孟子的影响和地位,已经空前地提高了。北宋初期,还有孙复、石介等学者,对孟子也很推崇,这里就不说了。⑥

和范仲淹一样,王安石的"熙宁变法",有一个重要的政治理念,就是知识分子要"以天下为己任",积极参与政治;成为士大夫之后,

---

① 《述怀》,《欧阳修全集》,第38页。
② 《或问》,《欧阳修全集》,第121页。
③ 《本论上》,《欧阳修全集》,第123页。
④ 《原弊》,《欧阳修全集》,第421页。
⑤ 见《易或问》,《欧阳修全集》,第130页。
⑥ 参见杨泽波:《孟子与中国文化》,贵阳:贵州人民出版社2000年版。

则要"共定国事"。一方面,要保持知识分子的独立人格;另一方面,身处权力关系之中,就要平等地决定和处理国家大事。余英时教授将这种理念称之为"士大夫的政治主体意识"①。这种理念正是从孟子的贤人政治发展而来的,可以说,孟子的政治理念,经过一千多年的沉浮,在范仲淹、王安石的改革实践中得到了体现。这也是中国知识分子主体意识不断自觉的结果。

王安石对孟子向往已久。他不仅对孟子的人性学说,尤其对孟子的政治学说以及"大丈夫"精神和"大人"之学,十分敬仰。他在诗中写道:"沉魄浮魂不可招,遗编一读想风标。何妨举世嫌迂阔,故有斯人慰寂寥。"②王安石对于举世之人以孟子为"迂阔"的看法大不以为然,相反,他从《孟子》中读出了士人的"风标"和人格力量。这也可以说是"夫子自道",即以孟子那样的"大丈夫"精神和魄力,去承当天下大任。"孔子不以贱而离道,孟子不以弱而失礼,故立乎千世之上,而为学者师。"③王安石在这里也是"孔孟"并提,将他们尊为千世学者师,他的政治改革也要以他们为师。

王安石认为,"大人"之学就是以天下自任,内"德"而外"业",德业并举,有所作为。他著《大人论》说:"孟子曰:'充实而有光辉之谓大,大而化之之谓圣,圣而不可知之之谓神。'……故神之所为,当在

---

① 《朱熹的历史世界》(上篇),台北:晨光文化实业股份有限公司2003年版,第99页。
② 《律诗·孟子》,《王文公文集》,上海:上海人民出版社1974年版,第775页。
③ 《命解》,《王文公文集》,第319页。

盛德大业。德则所谓圣,业则所谓大也。盖世有自为之道而未尝知此者,以为德业之卑不足以为道,道之至在于神耳,于是弃德业而不为。夫为君子者皆弃德业而不为,则万物何以得其生乎?"[1]这些发挥和论述,可说是孟子的"大人"之学的精神在宋代的最有力的体现。王安石批判那些"弃德业而不为"的人,口口声声讲"大人"之学,追求所谓"神",实际上是逃避社会责任,其实,"神"的境界就在德业之中,这就是儒家的"内圣外王"之学。这是将孟子思想运用到实践中的自我承当。

王安石又从孟子关于"经"与"权"的学说中找到了变法的理论依据。他著《非礼之礼》说:"孟子曰'非礼之礼,非义之义,大人不为',盖所谓迹同而实异者也。""夫天下之事,其为变岂一乎哉?固有迹同而实异者矣。今之人誾誾然求合于其迹,而不知权时之变,是则所同者古人之迹,而所异者其实也。事同于古人之迹而异于其实,则其为天下之害莫大矣,此圣人所以贵乎权时之变者也。"[2]孟子的权变思想,经过王安石的解释,其改革意义就更加明显了,也更具有新的时代特征。

总之,在"庆历新政"和"熙宁变法"的政治改革运动中,孟子及其学说成为范仲淹、王安石等改革家的最重要的精神资源,并由此而产生了广泛的影响,孟子的政治地位也由此而得到了提高。

---

[1] 《命解》,《王文公文集》,第339页。
[2] 同上书,第323页。

就在王安石执政期间及其以后,《孟子》一书首次列入科举,孟子被封为邹国公,立像于朝廷,配享孔庙,即陪同孔子一起吃冷猪肉。元朝文宗时,孟子正式被加封为"邹国亚圣公",这是孟子在历史上所受到的最高的尊称。

中国古代的专制制度,从整体上说,一直没有根本性的变化,但是,在不同时期,其具体表现形式又有所不同。明朝初年,朱元璋实行君主集权制,孟子的命运又一次发生了变化。

朱元璋读《孟子》,读到"君之视臣如土芥,则臣视君如寇仇"等句的时候,心里很不舒服,说:"此非臣所宜言者。"他不能容忍孟子关于君臣之间应当在人格上平等的思想,因此,决定罢黜孟子配享,并且下诏,如果有敢于进谏者,以"大不敬"之罪论处。这时朝廷上下震动很大,但无人敢言。当时,有一位朝臣钱唐敢于抗命,站出来冒死进谏,说:"臣为孟轲死,死有余荣。"①朝臣们无不为之担忧。朱元璋知道,如果真的给钱唐治罪,难以征服人心,于是以其态度诚恳而不予治罪,孟子配享也恢复了。但是,对于孟子的大不敬的言论,他是决不允许的,最终还是命令儒臣审查《孟子》全书,将其中不利于君主独裁的八十五条统统删去,重新编成《孟子节文》一书,使其在世间流传,《孟子》原书再不能作为考试命题、科举取士之用。这当然是读书人所始料不及的。

朱元璋虽然用皇帝的权力删削了《孟子》,但是,他所编成的《孟

---

① 《钱唐传》,《明史》,中华书局1987年11月版,第3982页。

子节文》,却并没有、也不可能真正流传于世。因为孟子的思想已经深入人心,成为知识分子的精神食粮。真正流传于世的,还是原来的《孟子》。这就证明,用政治手段压制一种思想,只能得势于一时,却不能长久。

当中国开始进入近代,思想文化发生剧烈变化的时候,康有为领导的改良运动,产生了很大影响。康有为正当中西文化交汇之时,受到西方思想的影响,在宣传民权和议会制,批判封建专制制度的过程中,从孔孟那里找到了精神支柱。他除了提倡春秋公羊学,对孟子的"民为贵,君为轻"的思想给予了极高评价,赋予新的内容,作为他的变法改革的理论依据。康有为说:"孟子曰:民为贵,社稷次之。又曰:我能为君约与国,战必克。今之所谓良臣,古之所谓民贼也。知此义者,孟子而后,其绝矣乎!绝之者盖二千年矣。恻恻哉!大道之晦,生民之艰,而遂至此乎?"[①]康有为将孟子的"民贵君轻"之说视为二千年中国历史上的绝响,这是对孟子的最高评价,其目的是从中挖掘出民主思想,批判秦以来的专制制度。这种制度"只知君国为重乃大,以民为轻,于是两千年来,民功遂歇绝息灭于天下"[②]。用孟子思想批判专制制度,康有为是第一人。

康有为作《孟子微》(1901),全面发挥孟子的思想,其中不乏用西方的民主、平等观念解释孟子的"民贵君轻"等学说的内容,实际

---

① 《功名篇》,《康子内外篇》,北京:中华书局1988年8月版,第117页。
② 同上书,第109页。

上已经开了近现代用西方观念和方法解释中国哲学文化的先河。比如他明确指出,孟子的"民贵君轻"之说是立民主制太平之法,是以民为主而君为客,民为主而君为仆。这些议论当然并不完全符合孟子的原意,但也并不是毫无中西比较的可能。更重要的是康有为的解释,代表了一个时代的开始,有其历史意义。而孟子正是在这种历史变革中产生了重要的历史效应。

康有为提倡公羊学,阐发"孔子作《春秋》改制之义"时,也很重视孟子的作用。他说:"孟子曰:'《春秋》,天子之事。'……孟子继四圣之功,不言其德,唯言《春秋》,孟子私淑孔子,必不谬矣。"[①]所谓"不谬",是说孟子继承了孔子"春秋改制"的"微言大义",因此,才能说出这样的话。

从此以后,孟子所受到的赞扬或批评,都具有新的时代意义。

三、新儒学中的孟子

"新儒学"之名,最早是由西方学者提出的,专指宋明时期的儒学,主要指宋明理学。冯友兰先生在《西方哲学简史》中首先使用了这个名词,后来逐渐被学者所认同。

宋代新儒学兴起后,孟子的地位发生了根本性的变化,孟子的

---

① 《孟子"诗亡然后春秋作"解》,《康子内外篇》,第141页。

思想成为新儒学的最重要的思想来源之一,孟子本人后来被尊为"亚圣"。

新儒学运动开始于唐代的"古文运动",韩愈是这一运动的带头人物。正是韩愈最先提出了儒家的"道统说",并以孟子为"道统"的最后一位传道之人。韩愈在他的重要文章《原道》中说,儒家之道,有一个传授谱系:尧传给舜,舜传给禹,禹传给汤,汤传给文王,武王、周公,文王、武王、周公传给孔子,孔子传给孟轲,"轲之死,不得其传焉"①。在这以前,孔子被尊为圣人,但孔子之后,有颜渊、曾子、子思等人,孟子在子思之后,归于思孟学派。韩愈第一次将孟子说成是直接传承孔子之道的第一人,也是最后一人,这是前所未有的。他之所以这样做,这与对他对"道"的理解是有关的。

韩愈是唐代"辟佛"的勇士,他的"道统说",是针对佛统的。他所说的"道",以儒家的仁义为"定名",而孟子正是以仁义为其学说的核心内容的。"道统"是儒家价值观的集中体现,孟子是儒家价值观的最坚决的捍卫者和最有力的阐述者,从这个意义上说,韩愈的"道统说"不是随便提出来的。

正因为如此,韩愈提出的"道统说",被宋儒普遍接受,成为定论。宋代理学家程颐以其兄程颢为"道统"的接续者,所接续的不是别人,就是孟子。程颐同时提出"圣人之道"与"圣人之学"的问题,实际上二者是统一的,意在强调"以学传道"或"学以传道"。他说,

---

① 《昌黎先生集》第11卷,《四部备要》。

其兄程颢"谓孟子没而圣学不传,以兴起斯文为己任"①。这就清楚地说明,程颢是接着孟子而"传"圣学的。他又说:"周公没,圣人之道不行;孟轲死,圣人之学不传……先生(指程颢)生千四百年之后,得不传之学于遗经,志将以斯道觉斯民。"②孔子之前是周公,孔子之后是孟子,孟子之后的一千四百年,圣人之学断绝了,生于一千四百年之后的程颢,终于得圣人不传之学,以传圣人之道。这一方面说明,程颢兄弟以传"道统"而自任;另一方面说明,孟子才是千载"绝学"的传授者。

南宋的朱熹,是"道统"中的重要人物。他认为,二程兄弟接续了孔孟之后的"道统",承认孟子是二程之前的唯一传道者。"夫以二先生唱明道学于孔孟既没、千载不传之后,可谓盛矣。"③朱熹虽然在孔子之后,续上了颜渊、曾子和子思,但他明确提出"道统"二字,并说子思作《中庸》之后,"自是而又再传以得孟氏,为能推明是书,以承先圣之统,及其没而遂失其传焉"④。孟子死而不得其传,说明孟子地位的重要,子思的《中庸》虽然很重要,但是,真正"推明"此书而承先圣之"统"者是孟子,因此,他是"孔孟"并提而不是"思孟"并提。

朱熹进一步将"道统"说成是"传授心法",以"人心惟危,道心惟

---

① 《明道先生行状》,《二程集》,北京:中华书局1981年版,第638页。
② 《明道先生墓表》,《二程集》,第640页。
③ 《程氏遗书后序》,《朱文公文集》卷75,《四书备要》。
④ 《中庸章句序》,《四书章句集注》,北京:中华书局1983年版,第15页。

微,惟精惟一,允执厥中"说明"道统"的内容,并且以"本心"说明"道心"①,这就更加突显了孟子的地位和作用,因为提出"本心说"的,不是别人,正是孟子。因此他说,只有孟子才能"承先圣之统"。

新儒家的"道统说",不只是建立一个传授谱系,它的更重要的意义是,确立儒学持久而稳固的核心价值,这一核心价值可以成为中国文化的精神支柱。孟子的历史地位,就是在这一过程中确立起来的。

随着新儒学的建立,儒家经典文本的依据也发生了变化,这就是用"四书"取代了"五经"的地位,成为儒学的最重要的典籍。②《孟子》进入"四书",便正式成为儒家经典。

"四书"成为儒家经典,也是经历了一个过程。韩愈在把孟子纳入儒家"道统"的同时,就高度赞扬了《孟子》一书,指出"始吾读孟轲书,然后知孔子之道尊,圣人之道易行"。后来读扬雄书,"益尊信孟氏"。又读荀子书,虽然其归趣与孔子无大异,但是"不粹"。进行比较之后,韩愈认为:"孟氏醇乎醇者也,荀与扬大醇而小疵。"③荀子和扬雄都是大儒,但是,韩愈认为他们都有"疵","荀与扬择焉而不精,语焉而不详"④。因此,只推崇孟子最"醇"。

---

① 《中庸章句序》,《四书章句集注》,第14页。
② "四书"是指《论语》《孟子》《大学》《中庸》。其中的《大学》《中庸》,本来是《礼记》中的两篇,被单独抽出来编进了"四书"。
③ 《读荀》,《昌黎先生集》,卷九。
④ 《原道》,《昌黎先生集》。

北宋的二程兄弟,是理学即新儒学的真正开创者。他们对韩愈虽有批评,但是在韩愈论孟子与荀、扬的问题上给予了极高评价,说:"如《原道》中言语虽有病,然自孟子而后,能将许大见识寻求者,才见此人。至如断曰:'孟氏醇乎醇。'又曰:'荀与扬择焉而不精,语焉而不详。'若不是他见得,岂千余年后,便能断得如此分明也?"①二程的话有两层意思。一层意思是说,韩愈关于"道"和"道统"的说法,是孟子之后所能寻求到的"大道理";另一层意思是说,韩愈对于孟子与荀子、扬雄的学说的是非优劣"断"得很分明。这两层意思合起来就说明,在二程的心目中,《孟子》一书是真正"传道"之书。

二程在颜渊和孟子之间,虽然多有评论,以颜渊为"亚圣",以孟子为"贤人",但这主要是就人格气象方面而言。颜渊并未留下著作,孟子则有《孟子》一书。兄弟二人在阐述他们的思想时,经常引用《孟子》中的话,其频率决不下于《论语》,俨然将《孟子》与《论语》相提并论。"某尝语学者,先看《论语》《孟子》。""《论》《孟》如丈尺权衡相似,以此去量度事物,自然见得长短轻重。"②这说明,他们将《孟子》和《论语》视为衡量事物的标准,也就是经典了。比如说,"孔子言语,句句是自然;孟子言语,句句是实事"。正因为如此,他们认为,"孟子有功于道,为万世之师"③。"孟子有功于圣门不可言。"④

---

① 《河南程氏遗书》卷一,《二程集》,第 5 页。
② 《遗书》卷一八,《二程集》,第 205 页。
③ 同上书,第 76 页。
④ 《遗书》卷一八,《二程集》,第 221 页。

"至孟子而圣人之道益尊。"①

到了南宋,朱熹终于完成"四书"的注解,将"四书"变成儒学经典,成为学子的必读书,科举考试的重要依据。

"四书"取代"五经"的地位而成为儒家经典,这是儒学发展中的一个重要变化,在某种意义上说是一种理论形态的转换,它标志着"新儒学"即理学的正式完成。其关键是孔子地位的确立,同时也是孟子地位的提高和确立。从此以后,讲儒学者不再是"周孔"并提,而是"孔孟"并提了;更不是从尧、舜或周公开始,而是从孔子开始了;但是,讲孔子就不能不讲孟子了。

在学理的层面上,儒家一贯讲"内圣外王"之学。很多学者认为,孔子以后,孟子发展了"内圣"的一面,荀子发展了"外王"的一面,到了新儒学即宋明理学阶段,基本上转向"内圣"之学,即心性修养一类的学问,"外王"之学,大大削弱了,甚至不讲了。这与接受孟子思想有很大关系。

其实,儒家的"内圣外王"之学,是将"内圣"与"外王"统一起来讲的,二者缺一不可,只是在二者的关系问题上表现出不同的倾向,甚至有不同的理论"架构",并不是只讲"内圣"不讲"外王",或只讲"外王"不讲"内圣"。孟子所讲,是一条从内到外的思路,即所谓由"内圣"开出"外王"。他的"王道"政治的主张,就是"外王"之学,但这是建立在"仁政"之上的,而"仁政"是建立在人性之上的,因此,他

---

① 《遗书》卷一八,《二程集》,第327页。

提倡一种人性化的社会政治。荀子所讲，是一条从外到内的思路，即经由知性的发展（社会认识）而成就圣德，再由圣王开出"外王"。他的"学者学为圣人"以及"修心莫善于诚"也是"内圣"之学，但不是从内在本性上修养，而是"起伪化性"，经过"内化"的过程去完成成圣之学。这一切都是建立在"礼"的外部规范之上的，因此，他提倡一种规范化的、制度化的社会政治。

如果从这个角度看，新儒学显然是继承了孟子的学脉，因此，理学家们以孟子为"道统"的传授者，而将荀子排除在外。但这并不意味着理学家不讲"外王"。北宋时期，王安石的改革，二程等理学家是支持的，这是当时儒家的普遍意识，是一次社会政治思潮，问题只在于如何改革？以什么样的理论为指导？正是在这个问题上，理学家与王安石发生了分歧。南宋时，朱熹与陈亮之间的"王霸"之辩，也是讲"外王"之学，只是在价值观的取向上不同而已。

理学家之所以推崇孟子，最重要的理由是，孟子捍卫和阐发了儒家的核心价值，对儒学作出了贡献。孟子学说中的许多基本观点，成为理学家的最重要的理论来源。特别是经过几百年的佛学冲击之后，理学家们在重建儒家价值的过程中，更加体会到孟子思想的亲切。其中最重要者，可以举出以下几点：

1. "尽心知性知天"的天人合一说。天人关系是孔子、孟子学说的"原问题"，也是新儒家的基本问题，他们无不以天人合一为最高境界。如果说，孔子的"吾与点也""孔颜之乐"是新儒家所追求的理想境界，那么，孟子的"尽心知性知天"便为他们提供了实现这一境界的途径,因此程颢说,孟子的这句话是"至言"①。新儒家内部虽有理学与心学之分,他们对孟子这些学说的具体解释或有所不同,但是在根本路向上是完全一致的。

2."性善论"。人性问题是儒家最关心的问题,也是争论最大的问题,从孟子、荀子开始直到宋明儒学,一直没有间断。但是,理学体系完成之后,理学家无不接受了孟子的"性善论"。理学家虽有天地之性、气质之性两种性之说,但只有天地之性才是根本的,决定人的本质的。因此二程说:"若乃孟子之言善者,乃极本穷源之性。"②也因此认为孟子"有大功于世"。

3."万物皆备""反身而诚"之说。这是孟子天人合一说在人与万物关系上的重要体现,也是理学家处理物我关系的重要的思想来源。孔子讲仁,《中庸》和孟子讲仁之外又讲诚,仁和诚便成为理学中的中心范畴,张载和程颢都很重视孟子的这个观点,程颢在这个基础上进而提出"天地万物一体""与物同体"的学说,成为理学中最有价值的理论贡献,而后来的朱熹、王阳明都无不以此为人类的终极关怀。

4."养气说"。这是孟子最有特色的人格修养学说,也是理学家最欣赏最喜欢的学说,认为孟子的性善、养气之论,"皆前圣所未发"。理学家都很重视"气象",所谓"圣人气象""贤人气象"等等。

---

① 《河南程氏遗书》卷一四,《二程集》,第141页。
② 《河南程氏遗书》卷三,《二程集》,第63页。

"气象"是人格境界在生活实践中的具体体现,看得见、摸得着、听得到,能感染人,使人生变得更富诗意、更有意义、更有性格。但是,"气象"很难从概念上说清楚,"气象"靠的是实践功夫。程颢说:"孟子答公孙丑问'何谓浩然之气'。曰:'难言也。'只这里便见得是孟子实有浩然之气。若他人便乱说是如何,是如何。"①这里包含着对孟子的极大的敬意,也表明理学实质上是体验与实践之学。

5. 情的学说。情感学说是中国哲学的特质所在,中国人重情感而不重知性,重境界而不重知识,与这一传统有直接关系。孟子在这方面作出了特殊贡献。他提出的"四端说",将道德情感视为道德人性的内在基础,并且超越了感性情感,对宋明儒学产生了很大影响。唐朝的李翱,提出过"性善情恶"之说,带有明显的性、情二元化的倾向,但是,李翱之说受到理学家特别是朱熹等人的批评。朱熹并不以情为恶,他只是以性为本体,以情为性之所发,但他和孟子一样是性情统一论者。至于陆九渊,则将性、心、情、才视为"一个物事",只是言语表达不同罢了。这个问题,到了明清之际,成为人们关注的焦点问题,反映了哲学文化发展的新动向。戴震则明确提出:"理也者,情之不爽失也,未有情不得而理得者也。"②"在己在人皆谓之情,无过情无不及情之谓理。"③戴震当然不能算作新儒家,但他所讨论的问题却是新儒学的问题,而且以给《孟子》作注的形式讨

---

① 《河南程氏遗书》卷三,《二程集》,第68页。
② 《孟子字义疏证》,北京:中华书局1982年版,第1页。
③ 同上书,第2页。

论这些问题,除了对孟子学说的尊崇之外,从某种意义上亦可说是新儒学的最后一人。

6. "本心""良知"说。孟子提出"本心""良知"之说,可说是对中国的"心学"传统(我指广义的"心学",也可以说是心灵之学)奠定了初步的理论基础。这是一个比较大的问题,这里不能详说。就其对新儒学的影响而言,也是一个十分关键的问题。理学家无不讲"心","道德心"的挺立,是新儒学的最重要的贡献。由此可见"心"的重要性。在理学中,天人关系问题主要表现在心与理的关系问题上,而所有理学家,都是主张心与理合一的,但是具体讲法又有不同。所谓理学派的程、朱等人,绝不否定"本心"之说,而所谓心学派的陆、王等人,则进一步发展出以自我直觉为根本特征的道德实践学说。陆九渊的"本心说"自称直接来源于孟子,而王阳明的"良知说"更不讳言与孟子的关系。孟子之所以受到推崇,也就很自然了。

孟子对新儒学的影响当然不止这些,但是,以上所举的这几条,就足以说明孟子在新儒学中的地位和作用了。